智慧马拉松

——使用科学方法提高成绩并揭示马拉松跑步的若干误区

原著 约翰·布鲁尔（John Brewer）
主译 任占兵 严群超 宁远喜

辽宁科学技术出版社
LIAONING SCIENCE AND TECHNOLOGY PUBLISHING HOUSE

BLOOMSBURY
LONDON · OXFORD · NEW YORK · NEW DELHI · SYDNEY

图书在版编目（CIP）数据

智慧马拉松 / (英) 约翰·布鲁尔原著；任占兵，严群超，宁远喜主译.
-- 沈阳：辽宁科学技术出版社，2018.11
ISBN 978-7-5591-1008-4

Ⅰ. ①智… Ⅱ. ①约… ②任… ③严… ④宁… Ⅲ.
①马拉松跑－基本知识 Ⅳ. ①G822.8

中国版本图书馆CIP数据核字(2018)第248135号

© John Brewer 2017 together with the following acknowledgment: 'This translation of Run Smart: Using Science to Improve Performance and Expose Marathon Running's Greatest Myths is published by Beijing Fushi Medical Book Co. Ltd. by arrangement with Bloomsbury Publishing Plc.

出版发行：辽宁科学技术出版社
　　　　　北京拂石医典图书有限公司
地　　址：北京海淀区车公庄西路华通大厦 B 座 15 层
联系电话：010-57262361/024-23284376
E - mail：fushimedbook@163.com
印 刷 者：中煤（北京）印务有限公司
经 销 者：各地新华书店

幅面尺寸：170mm×240mm
字　　数：447 千字　　　　　　　　印　张：12
出版时间：2019 年 1 月第 1 版　　　印刷时间：2019 年 1 月第 1 次印刷

策划编辑：李俊卿　　　　　　　　　责任校对：梁晓洁
责任编辑：李俊卿　陈　颖　　　　　封面制作：咏　潇
封面设计：咏　潇　　　　　　　　　责任印制：丁　艾
版式设计：咏　潇

如有质量问题，请速与印务部联系　联系电话：010-88019750

定　　价：80.00 元

序

　　尽管我自己参加过一些半程马拉松比赛、铁人三项比赛和几次全程马拉松比赛，但对这些比赛的兴趣并非自然而然形成的。如果我说跑26.2英里能够获得快感，那么我肯定是在说谎。但这并不影响我参加比赛。显然，你必须从身心上都做好准备。马拉松是艰难的，因此只要你完成过一个，无论成绩如何这都是一项壮举。

　　与跑艰难的马拉松形成鲜明对比的是，约翰·布鲁尔教授的帮助唾手可得。他不仅了解公路跑步的科学知识，而且还自己完成了19次马拉松比赛。这种以研究和经验为基础的知识使约翰在告诉我们怎样以最佳方案应对挑战以及告诉我们马拉松训练的误区时具有独特的优势。他睿智的文字会带给你想了解的一切，让你做好准备并保持冷静。当你跑到23英里的时候，你会集中精力，再也不会被打扰了。后者是切实发生在我身上的事，幸运的是，约翰在我身边！

　　你无论是希望将成绩缩短到3小时以内，还是希望仅体验一下过程，《智慧马拉松》这本书都提供了易于理解的专家建议，帮助你实现个人马拉松目标，并敢于像我这样说，让这26.2英里成为一种享受。

　　这本书确实帮助了我。

格雷格·詹姆斯

完成一次马拉松是几周努力工作、决心和体力的积累，同时也可以成为人生中最伟大的经历之一。

引言

阅读本书不会使马拉松跑步变得容易，但它可能使你更从容。训练和跑完26.2英里所带来的巨大的身心挑战也不能被低估。本书全面概述了许多不同的领域，即成功完成马拉松比赛所需的必要条件，同时展示了科学进步是如何应用于马拉松的备战和比赛的。这本书适用于所有水平的跑者。无论你是一个希望完成这个距离的新手，还是一个渴望取得最好个人成绩的老将，都适合阅读本书。本书每一部分中还试图揭示马拉松比赛中的许多误区，并说明在完成马拉松比赛这一壮举的过程中，怎样正确运用科学的方法来训练、备战以及进行马拉松比赛，从而使这26.2英里更具可控性且更容易成功。

本书的六个部分均以通俗易懂的方式翔实提供了提高马拉松跑步成绩和发展马拉松科学的方法。在力求完成马拉松的过程中这将为跑步者提供激励和支持。本书中每一部分的主线均是马拉松训练各个方面的科学应用，即备战、计划、参赛和恢复。无论是否具有经验或个人最佳成绩，本书包含的基于科学的建议对新手和有经验的马拉松选手都有一定益处。第一部分将探讨马拉松跑步的科学方法，以及如何通过经验应对马拉松跑步时人体的压力。在第二部分中，我们将详细探讨训练背后

的科学知识，以及如何最好地应用这些知识为马拉松比赛做好准备。这一部分还将展示跑步者如何应对和适应不可避免的伤病挑战，以及如何度过比赛前关键的几天。第三部分聚焦比赛日，介绍如何利用科学方法管理诸如营养、补水、神经以及跑步速度等关键问题，并解释在进展不利的情况下应对危机的最佳方法。第四部分将介绍比赛完成后恢复的最佳方式，同时提供关于如何在马拉松赛后恢复正常生活的重要提示。第五部分强调了潜在的新挑战和可能替代马拉松的运动。第六部分提供了可用于进一步增加马拉松跑步经验的实用训练计划。每个部分还包括关于马拉松的一系列误区，我们将以科学的角度审视这些误区，从而消除经多年发展起来的对马拉松和跑步的许多错误认知。

读这本书并不能保证可以成功完成马拉松。完成马拉松需要大量训练，另外需要身体和精神上的巨大毅力。但是，如果不阅读本书，并且未能在马拉松训练和赛跑中应用合理的科学方法，那么几乎可以肯定的是，你的马拉松跑步经历将变得更加困难。使用《智慧马拉松》的建议，克里斯·布雷谢的"郊区男子的珠穆朗玛峰"将变得更容易攀登！

格雷格·詹姆斯和约翰·布鲁尔在2015年一起完成伦敦马拉松比赛时兴高采烈的情景。

智慧马拉松

使用科学方法提高成绩并揭示马拉松跑步的若干误区

约翰·布鲁尔

目 录

第一部分

马拉松跑步的科学

马拉松训练的科学方法 2

马拉松——对代谢能力的挑战 4

跑一场马拉松时你的身体会发生什么——逐英里分析 6

跑步速度——获得正确的强度 10

热身的科学——准备活动 12

心率、摄氧量和体温 14

步幅和冲击力 16

节奏和马拉松跑的强度——需要多高 18

马拉松与我们身体的重要器官 22

马拉松心理学 24

马拉松的营养学 26

马拉松的补水 28

睡眠 30

完美的跑步风格 32

比赛战术和策略的科学 34

跑步装备的科学 38

老年跑步者的跑步科学 40

男性和女性跑步者跑步的科学 44

努力进步 48

跑步速度的科学 50

生存的科学 54

呼吸 56

跑步技巧 58

高海拔条件下跑步 60

赛后恢复的科学 62

体温调节或过热 64

人体生物钟 66

第二部分

马拉松跑步的训练

开端 70

训练原则 72

评估自己的身体及跑步姿势 76

不同的训练方法 78

接受教练指导并与他人一起跑步 80

设定可以达到的目标时间 82

制订一个训练计划 86

训练区域和心率监测 88

训练的营养计划 90

训练过程中的补水 92

热身和整理运动 94

在不同的天气条件下跑步 96

交叉训练 98

损伤的预防以及倾听自己的身体 100

设定目标 104

应对疾病 106

过度训练 108

最后几周和训练量逐渐减少 112

第三部分

马拉松跑步比赛准备

赛前计划 118

关注天气 120

比赛前几小时 122

比赛日的心理学 124

比赛日的营养 126

比赛日的补水 128

应对比赛日 130

比赛日的策略 134

第四部分

马拉松的赛后恢复

马拉松跑步比赛后的注意
事项 140
恢复的实际步骤 142

第五部分

新的马拉松跑步挑战

下一步该做什么 146
马拉松大满贯 148
为科学打造的马拉松 150
超级马拉松 152

第六部分

智慧马拉松的实用资源

马拉松跑步成绩提高1%
的100种策略 158
基础训练计划 166
高级训练计划 168
训练日历 170
马拉松简史 172
一些有用的表格 174

马拉松跑步的误区

- 不是每个人都适合跑马拉松 8
- 训练的全部即长距离慢跑 8
- 不可以被超越 21
- 为了超越自我而进行的马拉松训练 21
- 马拉松跑步全部依赖于意志 35
- 跑步者体形越小跑速越快 37
- 马拉松跑步者更快变老 43
- 你需要一种完美的跑步姿势 43
- 女性能够比男性更好地应对马拉松 45
- 马拉松需要花费6个月的时间进行训练 47
- 每周你必须训练5~6天 51
- 每周你需要跑40~50英里 52
- 马拉松训练是无聊的 73
- 如果出现伤病,必须退出马拉松 75
- 如果我可以跑完20英里,那么我就可以跑完马拉松 85
- 跑马拉松可以减重 85

- 马拉松跑对你有害 101
- 心率监测必不可少 103
- 每年跑马拉松的次数不应该多于2~3次 111
- 乳酸导致赛后疼痛 111
- 严禁饮酒 115
- 比赛日前尽可能多吃碳水化合物 115
- 你必须使用能量胶 132
- 我需要完美的起跑来取得优异的成绩 133
- 鼻条可以帮助我呼吸 135
- 岔气意味着停止 136
- 你不能步行并管理好马拉松时间 137
- 快跑比慢跑消耗的卡路里多 137
- 服用盐水可以治疗痉挛 153
- 当有撞墙的感觉时,说明你的能量已经耗尽 155

关于作者 177 / 致谢 178

马拉松跑步是一项巨大的挑战，但将科学方法应用于训练和比赛可以让马拉松变得简单一点。

第一部分

马拉松跑步的科学

在马拉松跑步期间，身体会承受巨大的压力。运动科学不仅可以衡量这种压力，还可以帮助你的身体以最有效的方式应对挑战并顺利运转。

马拉松训练的科学方法

从古希腊到现代奥运会，在世界的任何角落，完成马拉松已成为许多耐力跑者的巅峰成就。

人体结构是为跑步而设计的。我们古代的祖先不得不跑着来获取食物，或者需要跑得稍微快一点，以避免成为捕食者的食物。不过，我们的身体结构是否是为26.2英里的马拉松而设计是另一回事。科学家已经发现，跑步者在马拉松比赛中面临的两个最大的挑战是体内能量和液体储备耗尽，当然还有许多其他因素会导致身体和精神疲劳，而身体和精神状况是你完成这项成就的重要基础。

斐迪辟在公元前490年跑完第一次马拉松时，体育科学还不存在。如果当时有体育科学的指导，那么他在从马拉松跑到雅典之前所能得到的建议可能使自己避免在跑完全程后死亡。今天，关于体育运动科学以及运动营养的知识已经得到迅猛发展，其在马拉松的训练、备战、比赛和恢复中发挥着重要作用。虽然科学知识的应用永远不会让马拉松变得容易，但选择忽视科学建议会大大增加马拉松跑步中出现最坏情况和失败的概率，以及糟糕的成绩。

理解马拉松训练和比赛的科学方法可以让我们拥有对一场伟大比赛的美妙回忆，而不是令跑步者再不想经历一次的糟糕体验。例如，在设计马拉松训练计划时，重视将进入肺部空气中的氧气输送到为跑步提供能量的肌肉是至关重要的。如果不了解人体内有限的碳水化合物在能量供应方面所发挥

的重要作用，那么比赛当天的营养策略就会容易出现错误。今天，我们关于保持体内水分的知识（特别是在炎热潮湿的条件下）可以区分有效保持核心温度或脱水和在跑步过程中的过热。

科学家们已经研究并了解了心理准备和"思想策略"在应对诸如马拉松这种耐力赛事时的作用。战胜可能压倒跑步者并

优化马拉松训练时间有利于你在比赛当天的发挥。

加剧疲劳的不可避免的精神恶魔，对于马拉松赛的成功至关重要，因为它们与远距离跑过程中身体所迎接的挑战一样重要。

马拉松训练和跑步给身体带来巨大的压力，不可避免地存在受伤和疾病的风险。然而，科学表明，通过合理选择衣服和鞋子、正确训练以及进行以提高力量和柔韧性为目的的锻炼可以将这些风险降到最低。

在比赛当天，从醒来直到通过终点线，一直坚持合理的、以科学为基础的练习将有助于确保成功。这包括了解马拉松比赛期间跑步速度的科学依据。科学家们已经指出，职业运动员可以发挥其最大能力完成比赛，相反休闲赛跑者的跑动能力较低。

如果休闲跑步者在比赛初期速度太快（过早发挥出了最大能力），那么可以

肯定，尽管他们在前几英里感觉很好，但生理上的"损伤"会立即开始，能量和体液储备将迅速耗尽，并且体温也将迅速升高。

科学同样可以指导赛后恢复过程。营养科学家已经确定了恢复的最佳食物和饮料，以及如何确定赛后摄入量。虽然大多数跑步者在马拉松赛后的几天不想跑步或者不能再跑步，但使用科学手段加强康复将大大有助于他们为迎接下一个挑战做好准备。

在接下来的部分中，我们将探讨随着马拉松比赛的开始对跑步者身体的要求，并说明这些累积是如何随着比赛的进行而引起疲劳的。一个有经验的马拉松选手会非常了解这种感觉！

马拉松——对代谢能力的挑战

需要大量的能量，并将新陈代谢水平提高到远高于休息时的水平，应对马拉松比赛所需的代谢需求是跑步者面临的最大考验。

马拉松为什么艰难？原因很简单，跑26.2英里对人体的要求大大超出了我们日常生活对人体的要求。大部分跑步者从马拉松开始到结束需要跑35 000步。这是一个挑战，需要身体达到人类耐力的极限。

当我们开始跑马拉松时，身体对能量的需求迅速增加，这种需求是静息时的4倍。心率和呼吸频率立即升高，这样可以为肌肉提供更多的血液和氧气。到达终点线时，心脏进行约40 000次跳动，大约25 000升（44 000品脱）的空气将进出跑步者的肺部。

体温会稳步上升，除非及时散热，否则可能很快会达到沸点。出汗是跑步者抵抗这种热量积聚的第一道防线。在炎热和潮湿的环境中，汗水以每小时1～2升（1.75～3.5品脱）的速度从皮肤蒸发。通过了解马拉松对身体的要求，我们可以优化训练

完成26.2英里的马拉松距离，对生理和心理的要求大大超出了我们日常生活的正常要求。

计划和备战策略，以确保跑步者的能力有所提升，或者如果是第一次参加马拉松，可以在冲线时获得最好的体验。

休息时，我们大多数人每分钟消耗大约3卡路里的热量。然而，一旦开始跑步，这种消耗可以很容易地增加到每分钟10~15卡路里（确切数量取决于跑步速度、效率，和跑步者体形）。因为26.2英里比赛过程中需要持续进行这种速率的能量消耗，所以在马拉松的后期阶段跑步者会很容易疲劳。

速度快的马拉松运动员消耗的能量比速度慢的运动员更多吗？答案是"不"。虽然速度较快的跑步者产生能量的速度要高于速度较慢的跑步者，但是，无论速度如何，所有跑步者跑1英里，或者说26.2英里，所需的总能量是相同的。消耗的总能量的主要决定因素是体重和跑步效率，因为根据物理定律，在距离相同的情况下，移动较重的物体所需的能量要高于移动较轻的物体。

大多数跑步者跑1英里通常需要消耗约120卡路里能量，这些能量来自身体的脂肪和碳水化合物的储备。每克脂肪大约可以产生9卡路里的能量，因此，我们体内储存的"脂肪卡路里"足够为约40个连续的马拉松提供能量！相反，碳水化合物（称为糖原）储存的能量仅2000~2500卡路里，足够支持跑18~20英里。这表明我们存在潜在的能量危机，因为碳水化合物是除速度最慢的跑步者以外所有人的首选"燃料"。对于所有的跑步者来说，主要的挑战是以最有效的方式使用能量，尽量安全快速地完成马拉松比赛，而不会使能源供应耗尽。

跑一场马拉松时你的身体会发生什么——逐英里分析

随着马拉松比赛的进行，人体承受的压力越来越大。本节将重点介绍每英里的影响，以及这些影响如何导致身心疲惫。

随着每英里身体能量和液体的缓慢消耗，马拉松运动员的疲劳会发生累积。了解马拉松比赛中疲劳的发展是充分了解这项运动以及为跑步者更有效地应对困境而设计策略的关键第一步。

从起跑到第4英里

· 起跑时，你应该会感到紧张，但身体状况很好。当发令枪响时，你的肌肉需要更多的能量，因此在线粒体（肌肉的能量储存室）中，机体通过被称为三羧酸循环的复杂生物化学过程以三磷酸腺苷（ATP）的形式产生能量。体内储存的

碳水化合物（糖原）支持这个过程，一些脂肪也参与这个过程。

· 你的心率将迅速上升至约每分钟150次，并且核心温度将开始上升，因为热量是能量产生的副产品。

· 呼吸频率和氧气摄取量会增加并达到顶峰，肾上腺素水平开始下降（在起跑线时会很高）。

· 身体将在前4英里进入一种生理"稳定状态"，并且在起跑时发生的变化将稳定下来，为未来的挑战做好准备。

大多数跑步者的期望是完成马拉松比赛，而不是参与竞争。

第4～8英里

- 这个阶段的关键是放松——节约能量，感觉良好并保持积极是至关重要的。
- 生理稳定状态将继续维持，不会发生显著变化，并且在经过最初的上升后，核心温度将比静息时高2℃（3.5°F）。
- 汗腺将汗液分泌到皮肤表面，并通过蒸发散发热量。
- 血液流动到皮肤表面，温暖血液的热量散发至周围的空气中。
- 会出现一些脱水的早期迹象，在这个阶段可能会有2升左右（3.5品脱）的体液丢失。

第8～13英里

- 在这个阶段，你将会经历疲劳的第一次影响。将出现碳水化合物（糖原）储备缺乏的迹象，现在已经消耗了超过1000卡路里。
- 除非在跑步过程中使用饮料，否则出汗会继续消耗体液的储备量，但核心温度不应该出现明显升高。
- 乳酸会稍微增加，这是高强度运动过程中出现疲劳的主要原因，但不应高到足以影响跑步水平。
- 心率和吸入的氧量保持不变。

13.1英里：半程

- 一个心理上的重要里程碑，取决于到达半程需要付出的努力。这时你需要抱有"我可以完成"剩余比赛的坚定信念，但也可能会出现认为剩余赛程过于艰苦的消极心理。

第13.1～17英里

- 这是比赛的关键阶段，这时疼痛和痛苦开始出现。
- 糖原的储备将大幅减少，并且身体将开始动用脂肪储备。这需要更多的氧气来产生能量。因此为了维持速度不变，需要更大的努力。
- 地面的冲击，以及肌肉、肌腱和韧带的持续使用开始引起疼痛和擦伤。

第17～21英里

- 在心理上这是一个困难的阶段，消极的想法可能与疲劳一同使速度下降。
- 能量消耗将达到甚至超过2000卡路里，并且体液消耗可能超过4升（7品脱）。
- 糖原储备量已经很低，身体越来越依赖脂肪以获取能量。

第21～26英里

- 脱水将会成为重大挑战，体液丢失将超过体重的2%。
- 出汗会导致关键性电解质如钠和钾的流失，从而损害肌肉和神经功能，并增加痉挛风险。
- 糖原的储备将几乎完全耗尽。跑步姿势可能会发生改变，以减轻肌肉疲劳，同时利用其他肌纤维中剩余的糖原。
- 由于继续跑步需要额外的努力，核心温度可能再次开始上升。

26.2英里

- 当你越过终点时，糖原储备完全耗尽，你会脱水，并可能已失去约6升（10.5品脱）的汗水。
- 由于过度使用、持续摩擦和地面的冲击，你可能会出现疼痛、产生水疱及发生肌纤维损伤。
- 尽管如此，完成比赛后的愉悦感会使身体产生掩盖疼痛的内啡肽，现在已经完成了26.2英里比赛。

总之，马拉松对身体的要求接近可以到达的极限，但通过理解这些要求及其科学基础，我们可以开始制定战略来克服它们。

误区：不是每个人都适合跑马拉松

有一段时间，只有男性被允许参加马拉松比赛，任何需要3小时以上跑完全程的人在到达终点线时会发现其他人都已经离开并回家了。

然而，时至今日，马拉松已经成为年龄在18岁至100岁之间的男性和女性均可参与的大型活动，同时完成的截止时间延长至数小时。马拉松仍然是一项对身体和精神具有极大挑战的运动，但是在短时间内跑完全程对许多人来说仍然是一个可实现的目标，同时更多的人可以以稳定而实际的速度完成一场马拉松。

以伦敦马拉松为例。如果要获得奖牌和正式官方成绩，选手必须在8小时以内完成比赛。这相当于平均速度为每小时3.3英里，或者大约用18分钟跑完1英里，这与平稳步行的速度大致相同。然而，鉴于我们计划的速度高于上述速度，并且我们的身体完全能够适应常规训练的刺激，所以在经过训练后，绝大多数人可以用令人满意的时间成功跑完一次马拉松比赛。但前提是他们制订了目标，同时制订了合理的训练计划和生活方式，并且在比赛日临近时拥有切合实际的时间目标。

误区：训练的全部即长距离慢跑

训练能改变人体的生理机能。这是因为人体会经历比日常生活更大的运动强度以及超负荷状态。一些教练过去主张采取"不付出疼痛便没有回报"的策略，换句话说，如果训练不艰难和痛苦，那就没有任何好处。但是，体育科学家的研究已经表明情况并非如此，低强度训练也有好处。

马拉松运动员需要具有长时间跑步的能力，所以在所有马拉松的训练计划中慢跑总是扮演重要角色。然而，跑步者还需要在计划中纳入更高强度的训练，因为这些更高水平的负荷有助于跑步者提高最大能力，从而使得长距离的慢跑变得更容易。

简单的长距离慢跑训练可以使身体更好地适应长跑。通过加入更短的高强度训练、不同速度的跑步，以及加速和上坡跑，跑步者可以丰富马拉松训练计划的多样性。这将提高他们应对更高强度、更快速度的能力，最终使得强度更低、速度更慢（马拉松比赛过程可能一直处于这种状态）的马拉松感觉更容易。

因此，在长距离慢跑计划中加入高强度训练是最佳训练计划，并且可以锻炼出训练有素的马拉松选手。

在经过合理备战并正确执行比赛当天的战术，所有年龄、体形的选手都能够完成一场马拉松。

跑步速度
——获得正确的强度

　　我们的生理系统会对跑步的强度做出反应：太快，身体将变得糟糕；太慢，比赛用时更长。正确的强度是马拉松成功的关键。

　　以恒定持续的速度比赛，所有跑步者都会经历不同程度的疲劳。

　　我曾经与奥运会1500米冠军塞巴斯蒂安·科恩一起跑过：他的状态始终是面带微笑轻轻松松，因为相对于他的正常速度，此次跑动的强度要低得多；而我已经全力以赴了。这种体验差异很重要，因为在马拉松比赛中跑步者的运动强度对身体是否具有应对如此长距离的能力有显著影响。

　　如果一组跑步者以相同的速度出发，他们会立即增加肌肉的供氧量来支持能量的产生。

　　科学家通常将这种供氧称为"VO₂"，即"volume of oxygen"的缩写。虽然体形及体重更大的跑步者需要的VO₂更高，但是以体重计算"标准化"的VO₂时，整组跑步者的值非常相似。在这种情况下，VO₂以每千克体重每分钟的摄氧量（毫升/千克/分钟）

在训练中优化跑步速度是针对比赛日进行的正确备战方法。

表示。实验室研究发现，如果跑步速度为每小时1英里，跑步者的供氧量约为5毫升/千克/分钟。因此，如果组员在7分30秒的时间内跑完每英里，相当于每小时8英里的速度，那么大多数人的VO_2将为8×5毫升，即40毫升/千克/分钟。

然而，对该组进一步研究发现，尽管跑步的供氧量相似，但有些人会觉得比其他人更艰难。原因很简单，这取决于40毫升/千克/分钟在最大摄氧量中所占的百分比。这种最大摄氧量（通常称为VO_{2max}）代表人体每分钟可以利用的最大氧气量。科学家、教练和运动员已经普遍认同，这种最大摄氧量是耐力运动的决定因素之一。进一步解释，如果我们组中的跑步者的VO_{2max}为40毫升/千克/分钟，他们会发现每英里7分30秒的速度接近最大摄氧量的100%。VO_{2max}为50毫升/千克/分钟的跑步者会发现比赛相对容易些，因为他们的VO_{2max}为最大容量的80%。而如果在该组中有一名训练有素的职业运动员，他的VO_{2max}为80毫升/千克/分钟，他可以以最大摄氧量的50%跑步，那么他跑起来就非常轻松了。

最大跑步速度的百分比被称为跑步者的"相对运动强度"或REI。REI对于个体对锻炼的反应具有重要意义，并且与实际跑步速度密切相关。许多其他生理变量与REI密切相关，这些变量包括心率、核心温度、能量储备的代谢以及流向胃和肠的血液的分布。跑步者的REI越低，他们出现疲劳的可能性就越小。他们将更多地使用脂肪作为能量储备而不是碳水化合物，这在马拉松比赛的早期阶段至关重要。

科学家们发现，高训练质量的职业运动员在比赛中可以维持接近80%的REI，而业余选手只能维持70%的REI。有趣的是，这种维持REI的能力可能与时间而不是距离有关。职业运动员通常在2～2.5小时内完成26.2英里的马拉松，而业余跑步者所用的时间可能是他们的2倍。职业运动员不可能在4或5个小时内保持最大跑步速度的80%，但幸运的是，同时具有高VO_{2max}和高质量训练使得职业运动员可以在80%的REI下尽快跑完马拉松。VO_{2max}较低的跑步者尝试维持高REI，以在产生疲劳之前快速跑完马拉松的距离，因此他们被迫以较低的最大摄氧量百分比跑步。

因此，以适当的强度跑步（适合你的强度而不是你周围其他人的）对于26.2英里马拉松的成功完成至关重要。由于身体的生理反应与跑步强度密切相关，所以，如果发生错误会产生灾难性后果。

热身的科学
——准备活动

对于马拉松比赛来说，热身是否必要？热身需要多长时间？在适当的准备和不消耗太多能量之间取得平衡是成功完成马拉松的秘诀之一。

在本节中，我们将探讨马拉松比赛热身的科学基础，以及错误热身的潜在风险。我们首先回顾一下运动的过程，这有助于了解热身应该注意什么。除了探索热身的科学依据，我们还将探索跑步完成后进行整理运动的好处。

跑步过程中产生能量的肌肉是骨骼肌。骨骼肌由微纤维组成，微纤维含有数百万根蛋白质纤维，这些纤维并在一起使肌肉收缩并使四肢移动。当肌肉收缩时，它们会启动一系列涉及肌腱、韧带、骨骼和关节的力量和运动。这些力量和运动由神经脉冲协调，从而对跑步的机体起到推进和稳定的作用。

"未能正确热身意味着能量产生效率较低，肌肉、肌腱和韧带缺乏弹性致使运动更加困难，因此会增加受伤的风险。"

肌丝和肌肉纤维收缩的生化过程是复杂的，释放能量的过程涉及酶、反应和三磷酸腺苷（ATP）分解。与所有生物化学反应一样，该过程在温暖的环境中可以更有效且迅速地发生。收缩力在肌肉、肌腱和韧带内引起运动，这种运动通常是快速且大范围的，同样，在温暖的环境中这种运动效率更高，并且受伤的风险更小。像其他材料一样，这些结构在寒冷时容易断裂，而在温暖时更易弯曲且更具弹性。

心脏将血液泵至全身，血液中的血红蛋白携带氧气并将其运送至肌肉参与能量产生的过程。除非心脏对额外能量的需求作出快速反应并增加血流量，否则身体很快便会出现"缺氧"，因为能量需求的速度超过了肌肉供氧的速度。

身体进行准备活动并创造运动前最佳生理环境的秘诀就是通常所说的"热身"。赛前或训练前的跑步阶段是运动员在运动开始之前提高核心和肌肉温度的时间，从而使体内环境处于产生能量的最佳状态。未能正确热身意味着能量产生效率较低，肌肉、肌腱和韧带缺乏弹性致使运动更加困难，因此会增加受伤的风险。热身还可以提高心率，增加心输出量和流向肌肉的血液量，从而确保身体可以为即将进行的强度更大的锻炼做好准备。热身也会带来心理上的好处，这是一个让跑步者专注于他们即将面对的精神挑战的时刻，同时可以让跑步者与外部干扰隔绝，专注于他们即将需要采用的战术和策略。

一旦热身完成，身体便已经准备好开始运动，并且待发令枪响后尽全力开始成千上万步的征程。

"运动结束时，通过轻度运动使身体逐渐恢复正常，可能有助于促进恢复并减少运动后肌肉酸痛。"

在跑步过程中，身体的新陈代谢增加到更高的水平，许多生理变量如心率、核心温度和氧气摄取量显著高于静息状态。乳酸水平也可能随跑步强度的增加而升高，因此血液的酸性会增加。不建议在训练结束时以及在马拉松比赛结束时突然停止活动。

相反，你应该进行整理运动，这是一种逐渐将上述变化降至正常水平的技巧。如果迅速停止，可能会导致大脑等区域的血流量突然下降，并且如果心率和血流量迅速下降，肌肉中会出现乳酸"聚集"的现象。运动结束时，通过轻度运动使身体逐渐恢复正常，可能有助于促进恢复并减少运动后肌肉酸痛。

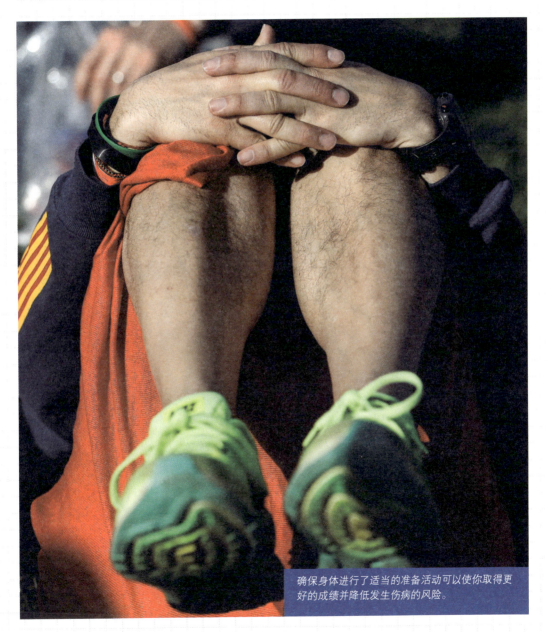

确保身体进行了适当的准备活动可以使你取得更好的成绩并降低发生伤病的风险。

心率、摄氧量和体温

当马拉松开始时，身体对额外能量的需求做出反应。为了应对这一需求，身体必须承受跑完26.2英里的生理压力。

站在起跑线上，大多数跑步者的心跳速率在60~70次/分钟，并且每1千克（2.2磅）的体重需要使用约3毫升的氧气。同时，体温将处于大约37℃（99°F）的正常水平。然而，一旦发令枪响起，所有这些都会随着身体从静止状态转变为运动状态。

跑步需要能量，人体产生能量需要氧气。空气中大约1/5的气体是氧气，但要快速有效地将其运输至肌肉是一项挑战。这个过程的第一阶段是通过高频率的深呼吸来吸入更多的空气。这使得氧气能够穿过肺膜转移到血液中，并在血液中与血红蛋白结合。

"……科学研究发现，马拉松选手的心率可以迅速上升到每分钟150次左右。"

通常，静息时，心脏每分钟会为全身输送出约5升（8.75品脱）血液。跑步开始时泵血量如果保持不变，则不可能满足肌肉对氧气的需求，并且跑步将很快被迫停止。因此，身体通过在正常水平的基础上增加心率来做出反应。科学研究发现，马拉松运动员的心率可以很快升高到每分钟150次左右，每分钟为全身泵出的血液量可增加到30升左右（52.75品脱）。

当马拉松运动员的氧饱和血红蛋白到达收缩的肌肉时，它会释放出氧气，然后氧气进入肌肉细胞，并迅速用于产生能量。血红蛋白依然在血液中，但现在含氧量较少，血液返回心脏和肺部，携带更多氧气，然后再次返回肌肉，这样马拉松每一步都能持续产生能量。静息时氧气摄取量仅为3毫升/千克/分钟。根据跑步者的适应性和速度，运动时氧气摄取量会快速轻松地达到30~60毫升/千克/分钟。

当肌肉产生能量时，它们也会产生热量。如果希望身体不会过热，那么必

对所有跑步者而言，应对马拉松比赛过程中身体和精神的变化是一项严峻的挑战。

须将这些热量散发掉。从静息时大约37℃（99℉）开始，随着马拉松的进行，体温或核心温度将迅速上升。

一些热量通过呼出的空气散发，但血液、肌肉、组织和内部器官的温度很快就会开始升高。起初，这不是一个问题，因为温暖的肌肉效率更高，更柔韧，更不易受伤。然而，为了防止热量积聚出现危险，需要有效的热量散发过程。汗液从皮肤蒸发是人体散热的主要机制。

跑步者在比赛中会汗流浃背，对跑步者来说最重要的是使用各种手段（尤其是穿着适当的跑步服装）使汗液有效地蒸发。与蒸发相比，服装吸收汗水或从身体滴下汗水

在散热方面效率不高。

一旦热量散失的速度与发热量相同，核心温度将会趋于平稳，同时心率、氧气摄取和呼吸频率也会平稳。身体将达到一个"稳定的状态"，这时应该感觉舒适和可以忍受。每个马拉松选手都应该维持这种状态直到冲过终点。

所有步幅叠加就是马拉松的全部。简单地把一只脚挪动到另一只脚前面，创造推动身体所需的力量是完成26.2英里距离的本质。

每个跑步者的跑步风格都不尽相同，但跑步的基本原则是相同的，与年龄和能力无关。有些跑步者的姿势看起来不美观，但是很有效，他们"感觉很好"，在其他人看来他们似乎在毫不费力地高速奔跑。然而，对所有跑步者来说，共同的问题是双脚对地面的冲击，以及推动跑者前进的力量的产生。

想要完成马拉松比赛，就需要从开始到终点一直迈开步伐。跑完全程所需的时间取决于步频乘以步幅的简单函数，因为这决定了跑步速度。

例如，一名跑步者的步幅为1.2米（3.8英尺），步频为每分钟170步，那么他的跑步速度为每分钟204米，即每小时12.2公里或每小时7.6英里，其最终完成马拉松的时间为3小时27分。在这种情况下，跑步者将需要大约35 000步（或每条腿迈17500步）来完成整个距离。对马拉松比赛进行的进一步调查表明，跑步者通常会以这种步数完成比赛。比赛后程由于疲劳，许多人的步幅会缩短，因此所用时间会相应增加。

每一步都是通过臀部和下肢的肌肉、肌腱和韧带，以及脚与地面的碰撞的复杂

支持选手完成26.2英里的力来自于跑步或步行过程中双脚与地面的冲击力。

| 支撑初期 | 支撑中期 | 支撑末期 | 摆动初期 | 摆动中期 | 摆动末期 |

相互作用产生的，这些作用产生推动力以向前移动身体。

可以通过生物力学来研究跑步的步态，每一步都被称为"步态周期"。在跑步时，步态周期是有其特点的，双脚不会同时与地面接触。这一点与行走不同。前脚与地面接触产生冲击时为"驱动相"，之后，身体重心经过支撑脚，紧接着支撑脚移至后方，最后从地面抬起。摆动腿向身体前部的移动被称为"摆动相"。

虽然每个人的跑步方式不尽相同，但科学家们已经发现，从足弓向脚前部及脚趾旋转之前，80%的跑步者在驱动相使用足跟与地面接触，直到这只脚抬起进入摆动相。无论跑步速度如何，对跑步者进行的生物力学分析发现，每次脚与地面接触瞬间都会有一个短时间的减速，并且这个减速时间的最小化是提高跑步效率的重要因素。对脚与地面接触的分析表明，接触时产生的冲击力约为跑步者体重的2.5倍。对于体重70千克（11英石或154磅）的跑步者来说，每只脚产生了相当于175千克（27英石7磅或386磅）的冲击力，这意味着整个比赛过程中每条腿承受的总冲击力超过3 000 000千克（472 420英石或6 614 000磅）。

对跑步和跑步姿势进行生物力学分析后通常会尝试改变步态以提高跑步效率和成绩。然而，随后的研究表明，这样做的益处可能不大，多数跑步者趋于下意识地使用最适合他们自身解剖学和生物力学的跑步姿势，即使这姿势看起来不美观且效率低下。

步幅的叠加是马拉松的全部。所有参赛选手都有不同的步态，它们会在26.2英里过程中发生变化。找到适合自己的步幅并合理处理它们的影响对于是否能够成功跑完马拉松至关重要。

节奏和马拉松跑的强度
——需要多高

马拉松跑步的强度对身体的生理压力产生重大影响——了解避免疲劳的跑步强度是至关重要的。

如果你在马拉松比赛开始时感到紧张，那么我可以告诉你你并不孤单，因为其他大多数选手都会有相同的感觉。

产生这种感觉的科学原因是肾上腺素的分泌。它通过升高心率和扩张血管，以及增加向肌肉供应的血液量和氧气量使身体准备开始运动。运动之前的这种自然的生理反应被称为急性应激反应，并且当发令枪响时，显然需要长时间的奔跑！

急性应激反应的不利影响在于它很容易导致早期步伐过快，原因往往包括其他跑步者节奏的干扰，出现竞争本能，以及在大型马拉松赛事中观众的欢呼。在起跑线上跑步者应该感觉良好，因为这意味着训练结束，身体将准备好开始运动。但26.2英里是一条很长的路，早期的步伐应该尽可能地毫不费力。必须避免一开始就倾尽全力，因为速度太快会立即引起皮肤下和

起跑时会很兴奋，但控制这一点，并以一个明智的节奏开始是至关重要的。

肌肉内的生理和代谢损伤。

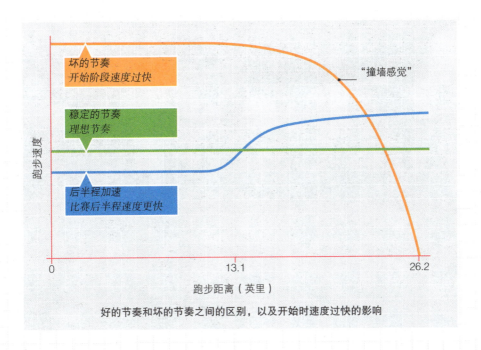

好的节奏和坏的节奏之间的区别，以及开始时速度过快的影响

人体有两个可以为马拉松比赛提供能量的储备库：脂肪和碳水化合物。脂肪储备丰富，而碳水化合物储备（糖原）仅能够满足跑18～20英里所需的能量。在理想的情况下，人体会利用脂肪为马拉松跑步提供能量；但不幸的是，脂肪只能以较慢的速度提供能量，并且需要大量的氧气才能完成。相反，有限的糖原储备更有效率，它能以比脂肪更快的速度和更少的氧气产生能量。

受到急性应激反应以及比赛激烈竞争的刺激，很容易出现以比计划更快的速度出发的情况。由于立刻需要能量，糖原成为唯一的燃料来源，因此糖原的"燃烧率"很高。如果这种快节奏继续下去，糖原储备将在到达终点线以前耗尽（这种情况通常称为"撞墙"）。当这种情况发生时，脂肪成为唯一可以利用的燃料。通过效率较低且需氧量较大的脂肪代谢获得能量使跑步感觉更加艰难，因此跑步速度几乎会不可避免地下降。对于很多人来说，这会导致比赛的后半部分明显变慢，甚至出现走路的情况都很平常。

明智的选择是在比赛的早期和中期阶段严格执行舒缓的节奏策略。这可以让你的身体从脂肪中获得更多的能量，从而将碳水化合物节省至比赛的最终阶段使用。尽管这意味着在比赛的早期阶段你将会更加缓慢，但我发现在最后几英里的时候能够以更高的速度获得补偿。

我在2014年伦敦马拉松上进行的研究发现，跑步者在马拉松后程平均减速30%，通过在比赛初期尽量节省碳水化合物可以避免这些减速。尽管有所警告，但超过一半的跑步者出发得太快，最后付出了疲劳的代价。我们（尤其是新人）的目标应该是完成比赛而不是竞争，适当的节奏是马拉松成功的关键因素。

比赛初期速度较快的跑步者会在后期付出代价。

误区：**不可以被超越**

所有人都有争强好胜的心理，跑步者，无论跑步速度快慢，都不喜欢被超越。但是跑26.2英里确实是一场马拉松而不是短跑，在比赛的早期阶段被超越，对于大多数跑步者来说没有什么可担心的，事实上这常常是明智的选择。在大多数比赛中，大部分马拉松选手都在比赛初期速度过快，并在随后的比赛中付出代价。少数人是明智的，他们在比赛初期采用低速跑，并在整个比赛过程中保持稳定。这在一开始就需要很好的自我控制，因为所有体形和年龄的选手都将加速超过你，并且看起来毫不费力。

现在不是加入他们的时候，因为他们很可能会在晚些时候被追上并超过。必须避免受到加速以及保持快速的跑步者的误导，而当跑步速度差异很小时，这种危险最大。例如，当一名跑步者超过一名速度较慢的竞争对手（每英里慢30秒）时，两者速度差异可能会忽略不计，对于慢跑者来说，加速跟上这快跑者太容易了。但是，这可能会造成灾难性后果，因为每英里30秒的时间差异相当于最终完成的时间相差约15分钟。以自己的速度跑自己的比赛，并且忽视你身边其他人的步伐是至关重要的。

误区：**为了超越自我而进行的马拉松训练**

对于新手和经验丰富的选手，马拉松都是生活的重要组成部分，大多数人会正确地说，马拉松比赛最艰难的部分是训练，以及因此对生活方式产生的影响，而并不是比赛本身。毫无疑问，马拉松训练需要花费大量时间和精力，但通过合理的计划和身边人的支持，你便无须使它完全占据自己的生活。秘诀在于将训练时间安排在一周中的特定日期和时间内，这些时间可以尽可能地不分散你的精力，但这些时间最好是固定的。对于某些人来说，这些时间可能是清晨，对于其他人来说可能是午餐时间或晚上。周末是大多数跑步者能够找到的可以更长时间跑步的绝佳选择。

并不（实际上不应该）需要每天进行训练，因为适当的恢复时间比额外的跑步重要。对于那些不太关心个人最佳成绩而更关心完成比赛的选手，如果训练计划是合理的，并且跑步距离逐渐增加到与马拉松接近，那么每周可进行3～4次训练。

当然，马拉松训练会改变你的生活，但它不能占据全部生活。对于很多人来说，它实际上可以为生活提供一个聚焦点和常态化的日常习惯。

马拉松与我们身体的重要器官

我们的重要器官必须应对身体在马拉松跑步期间的移动，血流量的变化反映了身体的需求和每个器官的重要性。

大脑

我们的大脑像身体其他部分一样需要燃料。与使用糖原的肌肉不同，大脑使用葡萄糖来提供能量，葡萄糖由血液提供。保护大脑的功能是重中之重，因此应该不惜一切代价维持大脑的血液供应。然而，随着马拉松进入后期阶段，血糖水平开始下降，脑部的能量供应可能会减少，从而导致头晕目眩。

心脏

心脏为人体血液流动提供了高效的动力。跑马拉松使心脏每分钟跳动约150次，全程总共约35 000次。如果跑步速度在整个马拉松比赛中保持不变，那么心率可能会逐渐上升，因为它的负担逐渐加重以保证能够向肌肉运输血液以供应能量，以及向皮肤运输血液以保持体温。为了满足马拉松比赛的要求，从马拉松跑步的开始到结束，心脏会向全身输送出约5000升（8800品脱）血液。

肺

肺的表面积为50～75平方米（540～800平方英尺），约为网球场面积的一半。一旦开始马拉松跑步，肺部就会立即采取行动。大量空气迅速而持续地进出肺部，其中21%由氧气组成。

肝脏

肝脏是一个能量存储器官，用于在比赛期间为肌肉补充糖原。在起跑线上，大多

马拉松比赛过程中身体的任何部位都会接受挑战。

数跑步者的肝脏中会有100～120克（4～5盎司）糖原，但到马拉松跑步最后阶段，这一储备几乎为零。这是因为肝糖原以葡萄糖形式进入血液，被运输到肌肉并在那里转化为肌糖原。

肾脏

一旦开始跑步，我们肾脏的血液供应量将下降到静息水平的25%左右，从而确保肌肉和大脑的血液供应得以维持。尽管在马拉松期间肾脏仍然努力工作以过滤和清洁血液中的杂质和潜在有害的运动副产品，但同时也会释放激素减少尿液生成以保存液体。

胃

理想的情况是，马拉松比赛开始时胃

里应该没有固体食物，因为部分消化的物质会引起胃痛和不适。一旦开始跑步，向胃部供应的血液迅速减少，因此流体或凝胶（而不是固体食物）是比赛期间补给的最明智方式。

肠道

马拉松跑步导致消化道血液减少，结果许多跑步者遭受肠道疼痛和失调的情况。这通常是因为当肠道蠕动时食物仍然是部分消化的状态，或者是赛前营养战略错误的结果。在比赛中消耗的液体仍然会进入肠道并被血液吸收以防脱水。

皮肤

皮肤作为一个重要器官往往被忽视，其在整个比赛中始终保持忙碌状态。摩擦和冲击力是马拉松跑步的一部分，产生的摩擦力会破坏皮肤细胞，导致擦伤和起疱。同时，皮肤是汗水蒸发的关键器官，可以保持身体凉爽，防止过热和体温过高。

马拉松心理学

马拉松在生理上和心理上均是巨大挑战。如果希望高兴地成功冲过终点线，那么理解马拉松的心理学是至关重要的。

马拉松训练和跑步的身体挑战很容易被量化，当跑步者在最后几英里处出现蹒跚和挣扎时对身体的挑战会马上显现。然而，询问任何马拉松选手，他们都会告诉你，马拉松比赛的心理挑战可能比生理挑战更大，甚至大得多。

我自己也有过这方面的经验：因为对未完成的赛程感到焦虑，精神上的恶魔会使你产生怀疑、焦虑，甚至恐慌，从而让你半途而废。然而，运动心理科学提供了一系列技术来帮助跑步者准备和完成马拉松。

"几乎所有的跑步者都会以个人的目标开始马拉松比赛，一些人仅仅是为了完成比赛，另一些人则是为了取得好成绩。"

例如，在比赛过程中，将注意力集中在眼前的比赛至关重要。在多数马拉松比赛中跑者很容易忘记这一点，赛前的博览会和比赛迫近的兴奋感会成为分散注意力的重要因素。运动心理学家建议采用一种称为"想象"的技巧，通过这种技巧你可以想象自己跑步和完成比赛的情景。

当我与名人一起参加伦敦马拉松赛时，我经常建议他们想像自己跑过白金汉宫，转入林荫路，并在成千上万的观众面前完成比赛。想象马拉松的完成也可以作为训练期间的激励工具，并且可以随时提醒为什么要为马拉松备战做出牺牲。

对马拉松比赛过程中的跑步者进行研究后，运动心理学家发现，职业跑步运动员会使用一种被称为"关联"的技术，他们应用这种技术对自己身体以及影响成绩的身体因素保持敏锐观察。他们对感受到的变化做出迅速反应，并精确控制跑步的速度。另一方面，已经发现业余跑步者使用的技术有时可以是一种被称为"分离"的自我催眠形式，这使他们能够减轻自己正在经历的反馈和不适。这是在大众马拉松中更容易做到的事情，因为欢呼的人群和著名

马拉松从来都不容易，并且在某个阶段需要精神恢复来帮助克服困难并达到终点。

的地标可能会分散跑步者的注意力。

在实践中，我发现大多数跑步者，无论能力如何，都会结合使用这两种技巧："走进"并与身体联系；然后当事情变得艰难时，"走出"精力分散的阶段，从而让这事情更容易做到。这往往是潜意识地发生的，随着比赛的进行，跑步者会从一种切换到另一种。

几乎所有的跑步者都会以个人的目标开始马拉松比赛，一些人的目标是完成比赛，而另一些人则是希望取得好成绩。心理学家发现，马拉松选手面临的最大的精神挑战之一是他们开始认为他们的目标无法实现，也许仅仅是因为他们跑得不好，或者是可能受伤。这可能会导致出现我口中的马拉松比赛中的"心理危机点"，怀疑情绪在蔓延，前方的挑战似乎无法克服。当跑完18~20英里身体疲劳开始显现时，剩余的6~8英里很容易使精神崩溃，而不是使你专注于自己已经跑完了大部分里程。

如果事情变得艰难，他们几乎肯定会重新设定目标：旨在完成比赛而不是竞争好成绩，想象终点并使关联和分离交替进行，使用心理学的科学和艺术方法来帮助跨过终点线。

马拉松的营养学

马拉松选手需要能量。如果能量补给能力差，疲劳很快就会到来；如果得到正确补给，你的跑步将会得到大量高质量能量的支持。

想象一辆高性能的汽车，不管被调试得多好，如果你加错了燃料，它都不会顺畅运行。更糟糕的是，如果你没有加入足够的燃料，它将完全停止运行。马拉松的训练和比赛也不例外。如果希望训练、恢复和比赛可以最优化，同时希望跑步者能够尽可能快和尽可能高兴地跑完全部里程，那么正确的营养是至关重要的。我们已经清楚，大多数跑步者跑马拉松时消耗大约3000卡路里的热量，相当于男性每天摄入的正常能量。其中大部分来自储存在肌肉和肝脏中被称为糖原的碳水化合物。

马拉松赛前、赛中和赛后正确为身体提供能量是成功对抗疲劳的重要部分。

训练同样需要营养支持。训练期间每周跑步约50英里的人所消耗的能量需在正常消耗的基础上再额外消耗6000卡路里，这相当于消耗额外2天的食物。对于所有人，如果能量摄入量不能满足能量消耗，体重就会下降。起初是消耗脂肪，这是一件好事，因为它减轻了体重，因此跑步时的负担变少。然而，长期持续的体重减轻可能会对健康造成损害，并且可能导致肌肉或蛋白质的损失，从而使体力下降，增加受伤和发生疾病的风险。

"……在训练期间每周跑步50英里左右的人需要在每周正常能量消耗的基础上再增加6000卡路里的能量，这相当于额外2天的食物量。"

这种马拉松训练对能量的额外需求需要与碳水化合物摄入量的增加相匹配，尤其是在跑步后的恢复期。名为糖原合成酶的酶将碳水化合物转化为糖原，在剧烈运动糖原耗尽后的最初几个小时内，它是最活跃的。因此，跑步后尽快补充碳水化合物是重要的，因为通过快速补充减少的能量储存可以加速恢复过程。

古希腊人应该为最初的马拉松运动员斐迪辟提供了高蛋白饮食。今天，我们知道这可能会让他的跑步速度放缓，因为消化需要很长时间，可能导致胃疼挛，并且高蛋白饮食对他从马拉松到雅典所需能量的贡献有限。然而，最近，科学家们已经发现，长时间跑步后，通过增强肌肉对糖原的吸收，同时补充消耗的碳水化合物和某些蛋白质有助于促进恢复。也就是说，那些认为吃大量蛋白质将帮助他们获得力量的跑步者会误导自己，因为许多研究发现，获得力量的最佳途径是训练和适度摄入蛋白质的结合。

有些人看到运动员在跑马拉松并且一直在进行训练，于是他们想把马拉松作为减肥的手段。这不是一个好的想法，因为正确减肥的唯一方法是使身体消耗能量，即摄入量低于消耗量。这对跑步者来说是不利的，他们需要能量进行有效训练和比赛。虽然碳水化合物应该成为马拉松运动员饮食的重中之重，但是跑步就要大量饮食且频繁吃零食是错误假设，所以有自己的判断并且不要过量饮食是极其重要的。

当你开始训练时，随着腿部肌肉质量的增加，实际上体重可能会增加一些；而一旦你的训练成为常态，你的体重应该保持不变，只有有限的波动。

"……认为吃大量蛋白质会帮助他们获得力量的跑步者会误导自己，因为许多研究发现，获得力量的最佳途径是训练和适度摄入蛋白质的结合。"

保持身体健康并为马拉松训练和比赛提供能量的关键是多种多样的均衡饮食。高碳水化合物、新鲜水果和蔬菜，将确保你可以补充消耗的维生素、矿物质和能量，从而实现你良好的马拉松跑步生活方式。

马拉松的补水

了解如何保持水分对成功完成马拉松至关重要。弄错了，后果是严重的并且有潜在危险。

科学家们已经指出，任何水平的马拉松运动员都将面临的两大挑战是"燃料"和液体的流失。"燃料"的流失只会在比赛的后期阶段影响跑步者的成绩，但液体的流失会快速导致脱水，并对比赛的成绩产生早期影响。如果持续脱水并且逐渐变糟，那么体温会升高，最终结果是过热。并且如果发生极高热的状况，可能导致死亡。

"高温和潮湿的环境对保持水分的影响比凉爽状态更为严峻：高温使身体难以保持凉爽，而潮湿使其难以高效地出汗。"

马拉松选手需要出汗，汗水蒸发是身体防止核心温度升高的主要防御措施，但出汗会导致体液流失。实验发现，一旦出汗导致体重减少超过2%，身体和精神状态就会受到影响。比赛期间对赛跑运动员进行仔细观察发现，在炎热和潮湿的环境中，汗液的流失速度可能超过每小时3升（5.25品脱），每小时1～2升（1.75～3.5品脱）的速度很常见。由于体重为75千克（11英石8磅或165磅）的运动员的减重阈值为体重的2%，即1.5千克（3.3磅），因此很容易看出对跑马拉松来说脱水这一威胁的出现比能量损失早得多。即使在凉爽的日子里，跑步者仍然会出汗，而且我们在呼气时也会流失水分，所以在长时间训练及马拉松比赛之前、期间和之后进行正确的补水是非常重要的。

虽然很难相信，但在早期的马拉松比赛中，饮酒被视为保持液体的理想手段。1904年奥运冠军托马斯·希克斯在跑步期间饮用了大量酒精。今天，马拉松补水的

科学知识已经取得了巨大的进步，这是在为患有霍乱等衰弱性和脱水性疾病的患者开发的补液饮料的基础上发展而来的。1965年，与佛罗里达大学橄榄球队队员盖特思合作的医务人员开发了一种含有碳水化合物和电解质的饮料，以帮助球队取得好成绩（电解质支持肌肉和神经的功能，当我们出汗时便会失去电解质，因此在出汗率高时补充电解质的替代品至关重要）。这种饮料成为运动饮料"佳得乐"，并引发了一系列关于类似

饮料对耐力性能影响的研究。

　　毫不奇怪，研究发现，这些饮料对马拉松运动员是有益的，通过补充随汗液流失的电解质和液体来改善耐力表现和认知功能。科学家们发现，每100毫升含有4～8克的碳水化合物（即每3.4盎司含1/8～1/4盎司碳水化合物），和钠、钾形式电解质的组合是最佳补液混合物，能提升跑步成绩，延迟疲劳出现。这些饮料很快被吸收到血液中，从而快速补充能量、水和电解质。他们被称为"等渗"饮料，现在在许多马拉松赛事中与水一起被广泛使用。

　　即使可以补充水分，大多数跑步者完成马拉松比赛时都会或多或少脱水。在马拉松比赛结束时体重减少4～5千克（8.8～11磅）并不少见，其中很大一部分是因为液体流失。

　　高温和潮湿的环境对保持水分的影响比凉爽状态更为严峻：高温使身体难以保持凉爽，而潮湿使其难以高效地出汗。汗水蒸发是热量散发的最有效手段，但在潮湿的环境中，汗水往往会滴落而不是蒸发。身体会产生更多的汗水，因此会失去更多的液体，补水变得更加重要。

　　正确和高效补水同时使身体能够保持核心温度并防止过热，是马拉松成功的最重要的组成部分之一。补水的科学方法取得了重大进展，现在已成为马拉松赛前给跑步者的建议的组成部分，并且在比赛期间会在赛场向跑步者提供液体。

补充跑步过程中失去的液体和电解质可以防止脱水并有助于提高比赛成绩。

为什么要在马拉松训练阶段预留更多时间保障睡眠？请仔细想想，因为在准备马拉松赛过程中，睡眠和长跑一样重要。

　　我们大多数人花费约1/3的时间睡眠，很容易把它看作是"浪费"时间，感觉对于马拉松训练或比赛几乎没有什么益处。然而，睡眠是跑步者训练的重要组成部分，充足的睡眠可以保障运动员对训练的刺激产生生理适应。

　　人类的"身体时钟"由一系列被称为"昼夜节律"的周期调节，该周期决定了消化、饥饿、体温和心率以及在何时睡眠。睡眠科学家发现，我们有一系列睡眠阶段，每个睡眠阶段持续大约90分钟，在此期间我们先进入深浅睡眠的交替时期，然后逐渐形成以快速眼球运动（REM）为特征的浅预觉醒阶段。

　　在更深的非REM阶段的睡眠对马拉松选手最有益。首先发生的事情之一是血液供应的再分配，在清醒时供应给大脑的血液超过40%被运送到了肌肉。与此同时，激素释放帮助组织修复和生长，这是长时间或密集跑步或比赛后必不可少的。释放的主要激素之一是人类生长激素，它在构成肌肉纤维的蛋白质的重建和发育过程中发挥着重要作用，这些蛋白质在严酷和刺激的运动之中会一直发挥作用。肌肉和肝糖原储备也将得到补充，确保能量储备在下一次跑步时可以满负荷运转。

　　还有证据表明，睡眠对人体的免疫系统有益，这对于预防疾病和感染至关重要。在睡着的时候，身体释放称为细胞因子的蛋白质：其中一些有助于促进睡眠，而另一些则有助于抵抗炎症和感染，并且可以缓解由

于马拉松训练带来的身体压力。

　　科学家和医生通常建议在白天进行锻炼，以提高睡眠质量，因为身体通过增加睡眠时间和质量来满足恢复和修复的需求。然而，由于睡眠会使心率、核心温度和血压降低，所以在睡觉之前完成一次跑

步是不可取的，因为升高的新陈代谢率的残余效应将让我们更加难以入睡。

因为马拉松运动员可以明确地从睡眠中获得益处，所以持续的睡眠丧失可能是一个重要问题，这会伴随损伤、疾病和疲劳风险的增加。我们所需要的睡眠量因人而异，7～8小时对大多数成年人来说是常态。

因此，从长远来看，睡眠是马拉松选手备战和训练的一部分。如果没有睡眠的恢复作用，就不可能有效地训练和完成26.2英里全程马拉松。尽管如此，由于焦虑和需要早起参加比赛的综合影响，很少跑步者可以在马拉松比赛前得到良好的睡眠。如果你在比赛前一晚没有睡好，那么很容易感到恐慌，但我还没有看到有马拉松跑步者在赛道上睡着了。如果你真的这样做了，那么会有很多其他的跑步者和观众将你叫醒的！

睡眠是跑步者训练的重要组成部分，并且是运动员对训练的刺激产生生理适应发生的时间。

完美的跑步风格

尽可能快速且省力地向前迈进是所有跑步者努力实现的目标。但跑步姿势看起来具有欺骗性，完美的姿势可能并不适合每个人。

生理学家对马拉松运动员利用氧气的能力有浓厚兴趣，而生物力学专家则更关心对跑步姿势的分析和改善。为了实现向前跑步的基本目标，肢体以产生许多子运动的方式起作用，这些子运动经常与行进方向相反。跑步的身体产生的运动的科学术语是"动量"，它是质量和速度的函数。尽管跑步者的主要动量是向前的，但左右腿产生的交替动作对于每个步伐来说都会产生一定的旋转动量，需要通过手臂的移动来阻止身体的扭转。这就是为什么右腿向前迈出每一步都伴有左臂向前摆动，反之亦然。

但是，没有哪两个跑步者会以相同的方式实现这种基本的跑步姿势。体重、身高、跑步速度和肢体长度的差异都会影响姿势，运动员在潜意识中最倾向于采用适合自己的姿势。值得提醒的是，人体是为了跑步和走路而设计的，跑步对我们来说是一种自然的运动形式。虽然一些跑步者可能觉得他们需要修改跑步技巧，但这似乎很少产生显著效益，并且在某些情况下甚至会产生相反的效果。有史以来最伟大的马拉松运动员之一——保拉·拉德克利夫有自己独特的跑步姿势，很多分析师认为这种姿势不够完美，但她采用了适合自己而不是科学家们所希望的跑步姿势后，却能够比历史上的任何女性跑得更快。

引起极大兴趣的关于跑步姿势的一个领域是地面和腿部之间的冲击，通常被称

每个跑步者都有独特的跑步姿势，但可以进行一些细微的改变，以确保效率和速度均达到最佳。

为"足部冲击"。因为短跑运动员需要向前发挥最大的力量和速度，所以他们的脚步着地点一直是脚的前部，而耐力跑者往往喜欢脚后跟着地。然而，有些人的着地点更靠近足中部位，或者极少数人的着地点是前足。一些科学家和教练建议，中足和足前掌着地的跑步姿势更自然，这符合缓冲跑鞋发展之前的跑步姿势。但也有运动损伤专家建议中足和足前掌着地会对中足的小骨头——跗骨

产生压力，最终导致骨折和受伤。

　　足部冲击的第二个关注点是脚接触地面的角度问题。大多数跑步者倾向于使用脚的外缘接触地面，即脚后跟首先接触地面，然后向中足和脚掌"滚动"，最后在冲击的末期离开地面。但有些跑步者"过度弯曲"，当脚部过度旋转时，对肌肉、肌腱和韧带造成压力，从而可能导致受伤。

　　我们每个人的跑步姿势都是独一无二

的，并且涉及以一种尽可能快速和高效向前移动身体的姿势进行能量管理。尽管跑步者的姿势可以改变，但只有在确切知道这样做能够降低受伤风险或是使跑步更轻松的情况下才能这样做。否则即使姿势看起来不美观，也不必做出改变！

比赛战术和策略的科学

你心中可能有预期要取得的成绩，但是你有策略来实现它吗？从一开始就规划你的比赛，并对突发状况做出反应，这是成功的关键。

站在马拉松赛起跑线上的大多数跑步者都背负着几个月艰苦训练后对比赛的希望，同时心中想着预期取得的成绩。然而，糟糕的比赛战术可以让一切计划和努力化为泡影，因此制订一项应对不断变化的比赛需求的策略是必不可少的，而且无论是职业选手还是业余选手都必须考虑这一点。

从科学的角度来看，以恒定的可承受的速度跑步是最有意义的。正如我们已经讨论过的，选择一种节奏能让你的身体同时燃烧脂肪和碳水化合物，有助于节省重要的肌糖原，以便你的速度能够持续到比赛完成。这个策略的问题在于它没有留下任何允许犯错的空间，而且如果在比赛结束时速度有所下降，预期成绩会很容易下降。此外，在有许多人参加的大型马拉松赛事中，我发现当周围的其他人速度较慢时，在后期阶段保持恒定速度也会很困难。

一些跑步者采用"后半程加速"策略，即后半程速度比前半程快。当你周围的人速度较慢时，跑得更快可能使你在心理上感觉良好，但这不仅会在拥挤的比赛中造成问题，并且在你已经跑完了很长距离之后，为了跑得更快你需要承受更大的压力。这是职业运动员最擅长的策略，他们富有经验，在比赛开始时加速远离对手，从而使自己在不拥挤的道路跑步。

应该避免为了赢得时间而在初期以更快的速度比赛，因为这会迅速消耗糖原，并

且会在比赛末期导致步幅显著下降，从而使早期的优势荡然无存。我发现一个明智的策略是设定一个早期速度，在比赛后半程允许速度下降5%～8%。因此，对于有意参加4小时马拉松比赛的人来说，这意味着前半程用时1小时56分钟左右，那么后半程用时2小

制订比赛当天的战术会使你成功机会大大提高，而不仅仅是预期成绩。

误区：马拉松跑步全部依赖于意志

听到教练和跑步者说马拉松跑步在精神方面比身体方面更艰难，但事实上这只适用于那些已经训练有素且经验丰富的马拉松跑步者。当然，马拉松跑步的精神方面是至关重要的，无论是在比赛初期帮助克服对巨大里程的恐惧，还是在比赛最后阶段克服积累的痛苦和疲劳。始终保持身体状况是为马拉松备战的中心，如果仅仅是内心的韧劲下降，那么就不需要投入长时间和艰苦训练。

心血管系统需要能够将大量的血液和氧气输送到肌肉，而腿部则需要能够承受数千次的迈步，并且能够承受每次脚碰到地面时产生的冲击力。发展一种有助于身体燃烧脂肪而不是碳水化合物的训练，避免动用储存量有限的肌糖原，这是至关重要的，单靠精神韧性不能弥补训练的缺乏。当然，马拉松训练也需要精神上的坚韧，以及完成必要训练课程和比赛的决心。理想情况下，跑马拉松同时依赖于生理学和心理学，并且它们一起发挥作用以支持跑完全程。

时4分钟即可到达目标。

马拉松运动会不断发生变化，制订策略时需要考虑的最大因素之一就是天气。"寒冷的清晨我站在起步线上颤抖着，然而在3~4小时后又会发现自己在炙热的太阳下闷热难耐。"比赛开始前应查看天气预报，并考虑随着比赛的进行天气情况出现变化的可能性。风是另一个要考虑的因素，在一个小组中跑步可以帮助你免受风力的影响，但重要的是要保持适合你的速度，而不受其他跑步者速度的影响。

还应该考虑到比赛地形。如果比赛路径中有丘陵，或者起步路段为下坡状态，则应相应地规划你的速度和战术。

职业运动员具有充当排头兵的趋势，对业余选手来说已经司空见惯。许多大规模比赛都有明确可识别的领跑者，他们会根据预期成绩的范围设定速度。这些工作很好，可以缓解马拉松跑步时的许多心理压力。但如果要避免跑得太快或太慢，选择合适的节奏至关重要。

成功完成马拉松需要规划和思考。这需要一个预期成绩，并且至关重要的是制订战略和战术计划来实现它。

比赛当天心里有一个清晰的预期成绩，以及实现该成绩所需的节奏计划是至关重要的。

误区：跑步者体形越小跑速越快

大多数职业马拉松选手的体重都很轻，很难看到身材高大的顶级马拉松选手。每千克重量在整个比赛过程中都是负担，而更大的体重还需要更多的能量和氧气。一个体重55千克（8英石9磅，或121磅）的跑步者完成26.2英里的比赛所需的能量要少于体重85千克（13英石5磅或187磅）的跑步者。世界上最好的马拉松选手的体形往往是身材矮小，重量轻，身体脂肪很少，且步幅相对较大。

但是，这并不意味着其他身材和体格的人不能完成或很快完成全程马拉松。较高的人往往步幅更大，如果两名跑步者的步频相同，但其中一名的步幅长度比另一名长1厘米（1/2英尺），那么在比赛结束时步幅较大的跑步者将领先步幅较小的跑步者约350米（380码）。减少步数也减少了对身体的压力，并且可以快速高效地覆盖里程。但是，在跑马拉松时，负担多余的体重（尤其是体脂）是一个缺点。它需要额外的能量，多余的脂肪对成绩或新陈代谢没有贡献，并且还可能给身体的热量控制机制带来更多压力。

马拉松运动员体形各异，并且他们都能够快速顺利地跑完26.2英里，前提是他们的体形是大量训练后的结果。

跑步装备的科学

虽然马拉松不是时装秀，但是对跑步者来说穿着合适的服装同样重要，就像时装表演模特穿着时尚服装一样。最好的马拉松风格就是科学应与实用性相符。

多年来，制造商和科学家们投入了大量时间和金钱设计服装和鞋类，旨在让马拉松比赛更加方便快捷。很难量化这些发展对我们有多少帮助，以及它们比在20世纪50年代和60年代马拉松运动员常穿的马甲、棉布短裤和皮革鞋好多少。提高成绩和预防伤害是跑步装备科学中不可或缺的部分，但除此之外，跑步者的基本需求应该是无论穿什么样的衣服都应该感觉良好且舒适。

鞋

这是近年来投资最大且进步最快的领域。鞋面使用轻质面料以取代过去较重的皮革，同时辅以缓冲鞋底，这种鞋底旨在减少和分散每跨一步所产生的冲击力。鞋子已经适应不同跑步姿势的需要，或者也可以为受生物力学问题（如内旋）困扰的跑步者提供支持。进一步的个性化定制与放置在鞋内的矫形鞋垫一起使用可以使受伤风险最小化。最近，出现了一种"自

穿着正确的衣服和鞋子可以使训练和马拉松比赛变容易。

跑步鞋，它基于脚掌着地的跑步姿势更自然的理论，使脚的前部保持在更平坦的位置，而通过弹性垫层使脚后跟升高。

袜子

除了轻便，无缝袜子的设计可以兼具舒适性和减少出现磨损和水疱风险的作用。科学家们主要聚焦于紧紧贴合在脚和小腿周围的压缩袜的研发。压缩服装有两个主要特点：第一个是通过压缩肌肉迫使血液流入肌肉深处，从而改善血液供应并清除乳酸。我不是很确定这是否科学，因为过紧可能会使受心率和心输出量控制的血流量减少。第二个特点是预防损伤。小腿肌肉拉伤在跑步者中很常见，并且在对这些肌肉拉伤有切身体会后，我发现使用压缩袜有很大帮助。为了弄清原理，我仔细研究了每一步发生的冲击

力以及通过腿部肌肉发出的这些振动。随着每次振动，任何轻微的撕裂或拉伤都会变得更糟。但如果这些振动可以通过压缩袜子的稳定作用进行控制，则可以预防肌肉受伤。

短裤和上衣

质量轻和舒适是这些服装应具备的特点，并且当这些辅助材料能够迅速从皮肤上除去汗水时，比赛成绩应该会有所提升。然而，需要记住的是，出汗的主要作用是在蒸发过程中散热，而不仅仅是将汗水去除，这一点是至关重要的。对于大多数跑步者来说，质量较轻的短裤和传统跑步背心仍然是可行的选择。皮肤（尤其是汗水）暴露在外会极大地改善汗液蒸发和体温调节。长袖、长短裤和压缩衣服只会对散热产生不利影响。然而，对于一些跑步者来说，穿长袖上衣和跑步紧身衣是舒适的选择，并且可以降低出现皮肤发炎的风险。如果穿着训练时的衣服感觉良好，在没有增加体重和热量的情况下，那么可以在比赛中穿着。

运动胸罩

对于女性马拉松运动员来说，支撑和舒适是至关重要的。已经对反映女性个体特征和乳房大小的支撑性胸罩进行了大量研发。支持性好且质量较轻的运动胸罩是所有女性马拉松选手必不可少的。

老年跑步者的跑步科学

马拉松运动对年龄没有过高要求。很少有运动能够允许老年选手继续享受成功、重新聚集精力和训练。在这项运动中年龄增大可以成为新的机会而不是威胁。

年龄增长是不可避免的，并且随着年龄的增长跑步成绩会逐渐下降。但对于许多马拉松运动员来说，这个过程带来了新的机会，并且可以选择设定新的目标和时间，你会发现这可能与多年前的设定惊人地相似。

马拉松成功的关键生理决定因素之一是跑步者的最大摄氧量（VO_{2max}）。科学家们发现，对于大多数人来说，最大摄氧量的峰值出现在25岁左右，然后随着年龄的增长而逐渐下降。对于那些在很少或根本没有锻炼的情况下过着久坐生活的人来说，下降可能高达每10年10%~12%。但对于定期进行训练的跑步者来说，下降幅度可能低至每10年5%。

虽然最大摄氧量只会在20多岁时达到高峰，但对于年龄较大才开始马拉松跑步的人来说，通过适当的正规训练将最大摄氧量提高到比年轻时期更高的水平是可能的。我曾与一些马拉松运动员合作，他们在50岁甚至60岁时比过去任何时候都更健康，因为他们采用了合理的训练和健康营养的生活方式。虽然训练和跑马拉松不能阻止衰老进程，但有大量科学证据表明，这会减缓这一过程，从而延长跑步生涯。

所有年龄段的人都可以跑马拉松，而训练良好的老年跑步运动员往往会击败年轻许多的跑步者。

所有人都会变老，但是马拉松的训练有助于延缓衰老过程，延长寿命，以及能够使我们更积极地面对生活。

　　"变老不应该成为失去信心的借口，跑者应该积极应对合理训练的挑战，并通过设定新的目标和预期成绩来面对挑战。"

　　随着年龄的增长，与摄氧量下降一起出现的情况还包括肌肉量和力量的下降。科学家称这种肌肉损失为"肌肉减少症"，这种减少量每年可达肌肉总量的1%。然而，就像摄氧量一样，这种减少可以通过训练减缓，从而维持提高成绩所需的力量和动力。

　　变老不应该成为失去信心的借口，跑者应该积极应对合理训练的挑战，并通过设定新的目标和预期成绩来面对挑战。看看世界上最好的马拉松运动员在各年龄段的成绩，让人对老年跑步者的能力有一个令人激动的重新认知。50岁的男性在接近2小时20分钟的时间内跑完马拉松，同龄的女性接近2小时30分钟。即使在70岁时，我们也能看到男性的成绩小于3小时，女性接近3小时30分钟。而在80岁时，男性的最快成绩为3小时15分钟，女性最佳成绩为4小时10分钟。

　　所有这些都是许多年轻的跑步者渴望取得的成绩。

　　对各年龄段的最佳成绩进行研究后会发现，获得最佳成绩的资深跑步者固然十分优秀，但是他们在其早期的职业生涯中并不是职业跑步运动员。这表明目前有许多娱乐和俱乐部跑步运动员随着年龄的增长也能够获得优异的成绩，前提是他们保持健康并且接受有规律的训练。虽然媒体不可避免地聚焦于已经越来越接近突破2小时大关的世界纪录，但我认为在未来由老年跑步运动员设定的时代中会产生巨大的关注点和潜力。我们从他们的成绩和实验室数据中知道今天的职业运动员目前能够做什么。到目前为止，很少有人将他们的训练和生活方式延续到晚年。但是，如果他们这样做了，并且根据自身情况通过训练以减缓衰老过程，那么科学数据表明，将来的某一天，我们可以看到一名80岁的男子在2小时40分钟内跑完马拉松，或者一名80岁的女性在3小时内跑完！

马拉松跑步者具有各种背景，可能是新手，也可能是经验丰富的跑步者，他们通过训练和完成比赛来获得满足感并锻炼身体。

误区：马拉松跑步者更快变老

自从斐迪辟在公元前490年从马拉松镇到雅典跑完26英里而死亡后，人们便认为马拉松跑步对长寿不利。许多职业运动员平时保持的形象并没有改变人们的印象，这些跑步者往往看起来体重不足，而且健康状况不佳。可悲但不可避免的是，当大众马拉松赛事发生死亡事故时，媒体只关注马拉松比赛的负面影响和危险。这导致了媒体和医疗界的一些人认为马拉松是有害的，比赛会使跑步者处于高风险之中，并且对重要的器官、骨骼、肌肉、肌腱和韧带造成难以忍受的压力和损伤，甚至加速衰老。

当然，如果你在没有合理准备的情况下进行大量运动，你可能会伤害自己。然而，绝大多数科学证据表明，马拉松选手采用的训练和生活方式对健康有很大的益处，大大降低了许多引起终身疾病，甚至威胁生命的潜在风险。马拉松训练和比赛能够降低血压和胆固醇，燃烧的能量能够减少体内脂肪并减少出现肥胖的风险，能降低心脏病、中风和糖尿病的发生概率。虽然很难断言马拉松运动员比非马拉松运动员的寿命长，但是如果在生命后期阶段依然坚持运动可能会大大提高生活质量，并且运动是预防疾病的很好方式。

误区：你需要一种完美的跑步姿势

无论做什么，我们都喜欢看起来不错，跑步也不例外。但跑步姿势就像指纹一样：没有两个跑步者是相同的。而跑步似乎很简单，只需将一只脚快速放在另一只脚的前面，但是它还涉及力量、肢体动作和动量之间复杂的相互作用。所有这些都必须尽可能有效地共同运作，以便轻松跑步的同时对肌肉、肌腱、骨骼和关节施加最小的压力。

一个跑步者，看起来很笨拙的并不少见，对于大多数观察者来说，其运动姿势并不美观。在这种情况下，跑步者总是希望改变跑步姿势，但所谓的正确美观的姿势往往不适合他们，而强迫改变姿势最终可能会对成绩产生负面影响。

当然，如果存在明显的问题或反复伤病的问题，那么显然可以将其归咎于糟糕的跑步姿势，在这种情况下接受指导并做出改变才有意义。然而，在大多数其他情况下，改变跑步姿势通常会造成更多的伤害，并且不一定会按照期望提高成绩。

马拉松跑步不是外貌比赛，它是通过合理分配能量以及减少疲劳跑完26.2英里的运动。随着跑步者产生疲惫，跑步姿势将会发生变化，并且比赛自始至终保持一种跑步姿势与姿势本身一样，并没有那么重要。

男性和女性跑步者
跑步的科学

科学和遗传学决定了马拉松运动员中男性或女性是否会独占鳌头。但这并不意味着最好的运动员不可战胜。

当保拉·拉德克利夫在2003年的伦敦马拉松比赛中以2小时15分钟的时间打破女子世界纪录时，她不仅是第一位冲过终点线的女性，而且还在同一场比赛中击败了绝大多数男性。虽然这表明伟大的女选手能够比许多男选手跑得更快，但生理上的现实是，我们的基因特征决定了在马拉松比赛中大多数男选手较女选手具有天然优势。

男性的体形往往比女性大，并且拥有更长的骨骼，质量更大的肌肉。这也使肺容量增大，为氧气进入血液提供了更多的机会。男性血红蛋白水平高于女性对这一点更有利。血红蛋白是将氧气从肺部携带到肌肉的血液成分，拥有更多血红蛋白意味着有可以为肌肉提供更多氧气以产生能量。平均而言，女性血液中的血红蛋白含量约为每升（1.75品脱）110克（20.5盎司），而男性则为每升（1.75品脱）150克（6盎司）。

在为肌肉输送富含氧气的血液的过程中，心脏起着至关重要的作用，但女性的心脏往往略小于男性。这意味着每次跳动泵出的血液和氧气更少，或者如果希望泵出血液的体积与男性心脏相同，女性的心脏需要更努力地工作（更快地跳动）。

较小的肺容量、较低水平的血红蛋白以及较小的心脏使女性的平均最大摄氧量低于男性。由于这是马拉松跑步表现的关键指标，因此意味着大多数女性在开始马拉松比

尽管生理上有所不同，但是男性和女性都能够跑马拉松，并且许多女性可以频繁击败男性。

赛之时便不可避免地在生理上处于劣势。

睾酮等激素水平更低会导致女性的肌肉量低于男性，从而难以产生快速跑步所需的速度和力量。由于马拉松更多地依赖耐力而不是速度，因此这并不是最重要的。这也是为什么女性能够在耐力赛中更有效地与男性一较高下，而在以爆发力为基础的跑步比赛（如短跑）中处于全面劣势。

保拉·拉德克利夫和许多其他女性职业马拉松运动员已经证明，女性可以取得比许多男性更好的成绩。进一步来说，总会有很多具备优秀生理条件同时又进行了艰苦且合理训练的优秀女性选手可以战胜许多优秀的男性选手。女性选手将不断在马拉松和更短距离的比赛中击败男性选手。但是如果看

误区：女性能够比男性更好地应对马拉松

1984年以前，女性不能参加奥运会的马拉松比赛，因为这项赛事被认为"太过艰难"。幸运的是，理性和科学占了上风，一些科学家现在认为女性可能比男性更适合参加马拉松比赛，女性而不是男性的世界纪录可能更容易被大幅提高。这个误区背后有两个原因。首先是能量储备，从遗传角度看，女性比男性倾向于拥有更多的体脂，拥有脂肪意味着拥有能量，而马拉松需要能量，所以很容易假设女性在出发时具有优势。然而，这个假设很容易被推翻，因为碳水化合物是马拉松的主要能量来源，而男性储存的碳水化合物往往比女性更多。即使是最轻、最瘦的人，体脂百分比约为7%，也会有4千克（9磅）的体脂，

相当于36 000卡路里的能量。而大多数跑步者跑完26.2英里全程所需的能量少于3000卡路里！

误区背后的第二个原因是女性马拉松世界纪录迅速提高，这表明有一天她们可能会超过男性同行。然而，对这些数据的进一步分析表明，这种改善主要归因于女性能够参加马拉松比赛的时间较晚，并且随着破纪录次数越来越少，世界纪录中男性成绩优于女性的情况将继续存在。

所以，没有任何生理原因表明女性能够比男性更好地应对马拉松。然而，两性都可以通过适当的备战和合理的步幅平等地进行比赛。

平均成绩，生理学和遗传学决定更多的男性选手会在女性选手之前完成比赛。

> **"某些方面女性可能比男性占优势。例如，较轻的体重对下肢施加的压力更小，并可以降低受伤的风险。"**

某些方面女性可能比男性占优势。例如，较轻的体重对下肢施加的压力更小，并可以降低受伤的风险。一些科学家还提出，由于具有更大的表面积体质量比，所以能够提供有助于散热的更大的表面积，因此女性在温度较高的条件下跑步时可能会更好地维持体温。马拉松比赛是男性和女性能够同场竞技的少数运动之一，毫无疑问，许多女性跑步者将不断击败男性。但科学和遗传学已经确定，男性确实具有先天生理优势。

成绩最好的女性运动员可能并不能战胜成绩最好的男运动员，但是她们依然跑得很好并且能够创造佳绩。

误区：马拉松需要花费6个月的时间进行训练

备战马拉松所需时间的长短取决于跑步者的经验和比赛目的。对于每周都进行长距离练习的经验丰富的跑步者来说，备战时间可能相当短，通常只需要几周的时间，在此期间每周长跑的时间和每周长跑的里程都会增加。对于那些一段时间未训练的人，准备时间应该适当增加，期间包括至少2~3个月的负重耐力和速度耐力训练，长时间稳定跑步和热身赛，同时调节心血管功能和锻炼腿部肌肉以应对马拉松比赛的挑战。

对于新手来说，准备时间当然要长得多。对于从头开始并且只是为了完成比赛的人而言，4~5个月就足够了。如果训练时间较长，定期训练的意志力和动力将得到削弱，而且随着马拉松的临近，训练的数量和质量都会下降。我曾与一位在伦敦马拉松比赛前100天超重30千克（4英石10磅或66磅）的人一起工作，他每天抽30支香烟，并且患有高血压和高胆固醇血症。在严格的监督下，他开始了一个为期100天的训练计划，并在5小时之内成功完成了马拉松比赛。马拉松比赛改变了他的生活，并表明只要有合理的训练方法、现实的目标和成功的决心，是可能跑完马拉松的。

努力进步

完成你的第一次马拉松是一个了不起的成就。多跑，并提高自己的成绩，是从马拉松跑步者转变为马拉松竞赛者的下一个阶段。

第一次马拉松的全部目标应该是完成比赛。

然而，对于志在重新审视自己的马拉松体验并在未来的比赛中展开竞争的跑步者来说，竞争本能和个人荣誉感会使自己产生跑得更快的渴望。这意味着需要通过改变生活方式和营养来提升训练的数量和质量，从而提升成绩。

有一些科学原则，如下所述，适用于马拉松训练。如果要提高比赛成绩，则需要遵循这些原则。

退化

不幸的是，如果错过训练时间，身体状况会很快退化。

研究表明，未运动三四天之后，身体状况会开始下降，因此不能合理安排时间进行训练会使通过艰苦训练取得的成果付诸东流。

特殊性

虽然这看起来很明显，但马拉松涉及跑步。我曾与一位认为自己可以在轮滑上进行马拉松训练的人一起工作，因为他担心跑步会导致膝盖受伤。只需说一句，他在8英里后便开始挣扎，并且在剩下的18英里中的大部分只能走完。马拉松训练的大部分内容必须是跑步，因为对于马拉松强

继续提高是马拉松比赛的重要部分，并且随着身体的改变，取得更好的成绩是可行的。

随着时间的推移，每次训练所采取的小步骤将使身体素质获得巨大而关键的收益。

加于身体的特殊要求，它是重新创建的唯一方法。

强度

科学家已经表明，想要进行生理适应，马拉松训练就需要适当的强度。如果强度太低，从比赛中获得的收益会很少。但是如果强度太高，衰弱、疲劳，甚至伤害或疾病都会接踵而至。实验室研究发现，以低于乳酸水平快速增加点的步幅跑步可显著提高成绩。对于大多数从未进行实验室测试的跑步者来说，这种强度最好被描述为"可忍受的不适"，只要保持即可。

递进

不断以相同的速度进行相同的跑步训练可以保持健康，但不会提高水平。逐渐增加训练的持续时间、频率和强度将使成绩得到持续提高，但这需要合理和稳定地实现以避免受伤。重复跑步，尤其是间歇训练，即身体在不完全恢复情况下的重复跑步训练。这种训练方法被认为是在不进行过多里程或额外训练的情况下，增加强度和提高成绩的一种好方法。

恢复

这是所有训练中最容易被忽视的部分之一。如果你的身体要适应训练的刺激，并且发生持续的改善，那么恢复是至关重要的。每周至少休息1天对大多数马拉松运动员来说至关重要。如果没有这种恢复时间，疲劳、受伤和疾病将会很快出现。

边际增益

只有在不忽视诸如睡眠、营养和补水等其他方面的情况下，基础训练才会提高成绩。随着比赛日的临近，这些变得更加重要，比赛当天，策略和节奏的心理学方法也变得同样重要。单独来看，每一个方面可能只会产生很小的差异，但汇总到一起后，它们可以使总成绩得到显著提升。我们都希望能在自己的领域做到最好，在马拉松比赛中也不例外。从"马拉松完成者"到"马拉松竞争者"，是一个蜕变，这并非是每个跑步者都可以或者实际上想要做的。但这样做会带来新的挑战和不同的方法，从训练和比赛中获得巨大的收益和满意度。

跑步速度的科学

　　表面上看，耐力就是马拉松的全部。毕竟，26.2英里是一段很长的距离，而且保持速度稳定是大多数跑步者面临的主要挑战。但这并不意味着跑步速度在马拉松训练中一无是处。

　　马拉松运动员应该关注的速度类型是速度耐力，而不是像尤赛因·博尔特这样的短跑运动员一样关注原始速度。我们的肌肉由两种主要类型的纤维组成：快肌纤维和慢肌纤维。为马拉松跑步提供大部分能量的是慢肌纤维。这些纤维收缩速度相对较慢，但也不易疲劳，因此非常符合马拉松的持续需求。相反，快肌纤维收缩快速，但也会很快疲劳，因此更适合短跑。

　　肌纤维类型在很大程度上是先天决定的。肌肉活检发现，短跑运动员的快肌纤维具有优势，马拉松运动员具有较高比例的慢肌纤维。然而，大多数跑步者也有许多"中间"纤维，这些纤维同时具有慢速和快速收缩肌肉的特征。跑步者在进行速度耐力训练时最有可能刺激和加强的正是这些纤维。

　　与不会导致乳酸显著增加的稳定的耐力跑步不同，速度耐力训练的强度更高，同时速度会更快，并且会加速乳酸产生。

虽然完全可以将马拉松定义为耐力比赛，但是提高摆腿速度和力量对完成26.2英里的马拉松有极大帮助。

误区：**每周你必须训练5～6天**

　　毫无疑问，跑马拉松需要大量的训练，而提高应对26.2英里的里程所需的力量和耐力是至关重要的。大多数职业运动员拥有"奢侈的生活方式"，这使得他们能够进行每天一次以上的全职训练。然而，对于大多数非职业运动员来说，马拉松比赛的训练必须避免与工作和家庭相冲突，因此现实情况是几乎不可能按照马拉松训练计划所提倡的在每周跑步5或6天。

　　在理想的情况下，如果情况并非如此，那自然是非常好的，但对于我们中的许多人来说，这就是现实。幸运的是，每周只进行2～3次训练对于完成马拉松比赛来说也不是不可能，前提是每次训练的质量都很高，而且其中一次训练应该包括距离逐渐增加到20～22英里的长跑。马拉松比赛的入门选手每周完成2～3次训练，但8周内每周长跑已经从15英里延长到22英里的训练质量可能要比每周训练5次，但其最长跑步距离只有18英里的跑步者高。恢复时间也是至关重要的，在两次跑步之间需要抽出时间让身体进行修复和适应。

这通常包括较高速度的跑步或间歇性训练，间歇性训练即更短、更快的跑步与恢复期穿插进行。科学家发现，这是提高双腿速度和增加最大摄氧量的好方法。速度耐力训练可以用来增加跑步强度的一个很好的例子是将5英里跑转换为5个1英里跑，每次跑步的速度高于正常速度，其中1英里爆发快跑后穿插2分钟慢跑以进行恢复。更短、更快的跑步时间大约为20分钟是有益的，而许多教练和科学家也建议以比跑马拉松更快的速度跑完10公里到半程马拉松的距离。这是提高速度耐力的另一种方式。

如前所述，马拉松成功的关键因素之一是能够以较低的相对运动强度或最大容量的百分比跑步。许多研究已经发现，当身体适应乳酸产生，耐受和清除乳酸时，速度耐力是提高最大摄氧量的有效方式。这意味着以持续稳定速度跑步会感觉容易很多，因为一旦提高最大摄氧量，跑步产生的生理压力就会更小。所以，虽然可以轻易假设速度更快的短跑在马拉松训练过程中的作用微乎其微，甚至没有，但事实并非如此，它们的好处是显著的。

速度耐力跑是一种可以让跑步者快速跑出舒适区的训练类型，其结果令人印象深刻，并且提高成绩的潜力是显著的。与其他类型的训练一样，速度耐力训练只是整体训练计划的一部分，但对于许多跑步者来说，它很快就会成为改变训练和成绩的神奇方法。

误区：每周你需要跑40～50英里

马拉松运动员每周进行训练的里程很长，每周完成100英里以上的训练的情况并不罕见。对于许多考虑参加马拉松比赛的运动员来说，这些数据可能令人望而生畏。每周高里程对一些人，尤其是跑步多年的经验丰富的跑步者来说是不切实际的，他们的身体反复承受压力，将不可避免地增加受伤的风险。在保质保量完成马拉松比赛所需的训练与导致受伤的训练之间仅有一线之差，这对于还没有形成与经验丰富运动员一样的力量和韧性的新手跑步运动员来说尤其如此。

随着比赛日的临近，应该延长训练的最长里程，而每周总里程也将延长。因此，每周30英里是大多数跑步者应该达到的每周最短里程，但对于许多人来说，这将在他们的马拉松训练结束时发生，而不是在一开始。过快的尝试太高里程是马拉松训练过程中最常见的引起疲劳和受伤原因之一。最好的方式是减少每周总里程，同时增加距离最长一次训练的里程，而不是将每周里程增加太快而导致受伤。

将训练与不同的跑步类型、速度结合在一起以提高成绩，并为训练计划增添多样性。

生存的科学

当跑步变得艰难时，科学可以提供帮助。使用一系列基于科学的技术，可以度过艰难时期，并使马拉松成功完成。

像马拉松一样长且艰难的事情并不总是按照计划进展。我们已经讨论了可以帮助提高马拉松成绩的科学方法，下面还有很多科学方法可以用来帮助跑步者度过艰难时期，在竞争中生存下来，并且迈向终点。

要记住的最重要的事情是，当事情变得艰难时，减速并不是一场灾难。这可能意味着不能达到预期目标时间，但它会减

少身体正在承受的生理压力。当我和名人一起跑马拉松时，艰难时期通常从大约16英里开始，我会小幅减速以支持他们。

但是，无论如何我们都会继续跑下去。速度降低会降低心率和氧气摄取量，并允许身体代谢更多脂肪，在糖原储存量变低时这特别有用。经过一段时间后，核心温度也开始下降，如果天气炎热或潮湿，这也是特别受欢迎的。缩小步幅将身体置于"恢复模式"，减慢速度并减少心血管和体温调节

系统的压力。

经过一段合适的时间后，有可能再次提高跑步速度，但这不是必须的，因为关于生存和完赛的黄金法则是继续前进，并跑完每1英里。只要有可能，就要尽量避免走路，因为从跑步到走路的步态变化会很快导致腿部肌肉僵硬，这使恢复跑步变得非常困难。即使事情变得非常艰难，我也主张慢速跑而不是走路，因为我觉得虽然两者速度差别不大，但慢速跑时心理和生理都会更好。

减速也意味着步幅的缩短和跑步姿势的改变。有科学证据表明，这可能是有益的，因为它可以允许身体"解锁"残留在肌肉和肌肉纤维中的剩余糖原，这些糖原可以通过步态变化而起作用。

当事情变得棘手时，体育心理学也会扮演重要角色。我鼓励跑步者把注意力集中在他们已经获得的而非将要到来的东西上，并且想象冲过终点线时的愉悦心情，并将这种心情与放弃时的沮丧进行对比。在大规模的比赛中，在最后的几英里感受观赛人群的刺激和鼓励也是一种有效的生存策略。

运动营养也在马拉松比赛的生存中起着作用。在比赛前和比赛期间补充液体和能量是至关重要的，但是科学家发现，当距离结束只有几英里的时候，即使是某些东西的甜味也可以提高成绩。口中的传感器似乎可以检测到甜味，并很快导致"能量增加"。即使是在能量到达肌肉之前，心理和生理状态都能得到立即提升。

所以，即使出现问题，科学也可以帮助疲惫的马拉松运动员。有一系列简单的、基于科学的技术可以用来帮助跑步者度过最后的艰难时期，最重要的是确保成功跨过终点线。

不是每件事都会按计划进展，但是跑步者可以使用一系列基于科学的技术，度过艰难时期，并使事情成功完成。

呼吸

在马拉松比赛中呼吸是提供能量的第一重要环节，了解而不是改变我们这一最自然的身体机能是至关重要的。

尽管腿在马拉松比赛中完成了所有艰苦工作，但如果腿要获得所需的能量，那么肺就是必不可少的。我们都需要呼吸，但对于马拉松运动员来说，比赛期间从进入肺部的空气中摄取氧气以及将氧气运送到肌肉的速率通常至少是静息时的10倍。

呼吸是被称为呼吸系统的第一阶段，空气进出肺部，将氧气沉积到血液中，并排出运动的有害副产品之一：二氧化碳。休息时，我们每分钟大约需要12次呼吸，总共有大约6升（10.5品脱）的空气进出肺部。空气中大约1/5是氧气，氧气（但不是全部）被运送到肺膜，与血液中的血红蛋白结合，并被心脏泵入肌肉。

然而，当跑步开始时，肌肉对氧气的需求迅速增加，呼吸频率因此增加。呼吸科学家称之为"潮气量"的每次呼吸进入肺部的空气体积也会增加。静息状态下，每次呼吸的潮气量约为500毫升（17液体盎司），在高强度运动中每次呼吸上升至3升左右（5.25品脱）。但是在马拉松期间它可能略低，约为2升（3.5品脱），呼吸频率将升高到每分钟40次左右，因此每分钟进出马拉松跑步者肺部的空气量（称为"通气速率"）可轻松达到70～80升（123～140品脱）。在4小时的马拉松期间，这可能相当于18000升（31675品脱）的空气和10000次呼吸！

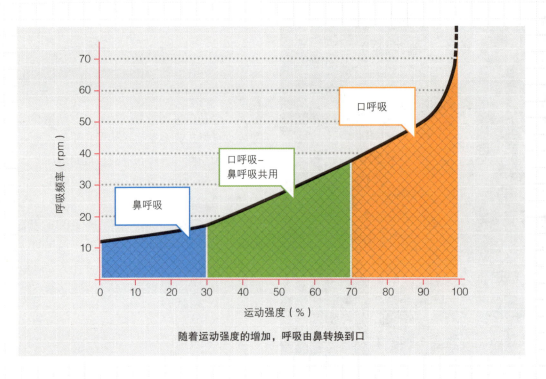

随着运动强度的增加，呼吸由鼻转换到口

将氧气输送至肌肉对肺的要求很高，所以训练和比赛中的每次呼吸都是极其重要的。

人们经常忽视呼吸的脱水作用，但是这很重要且很容易得到证明。对着冷玻璃窗呼气，你看到的雾气是凝结在玻璃上的空气中的水分。每次呼吸时，水分都会流失，虽然与出汗相比这只是次要液体流失途径，但即使在最冷的日子里，它仍然可以使身体脱水并使口腔和呼吸道感觉干燥。

呼吸是自发进行的，幸好这不是我们需要提醒自己去做的事情。负责扩展胸腔以将空气吸入肺部的肌肉称为肋间肌肉，就像身体中的任何肌肉一样，它们可能会发生疲劳。训练有助于增强这些肌肉的力量，就像增强腿部肌肉力量的方式一样。但是由于他们不可避免地会疲劳，呼吸可能变得沉重并且吃力，在比赛将要结束时尤其明显。

你会经常看到一些跑步者在起跑线上戴着通气鼻条，这种简单的装置由于能够扩张鼻孔而在近年来变得流行。使用者认为，扩张鼻腔可以让鼻子更容易呼吸，这很有可能。然而，科学家们的研究已经表明，一旦运动开始，并且每分钟通气量超过40升（70品脱），身体自然会采用阻力最小的呼吸方法，即通过口腔进行呼吸。对于包括马拉松在内的大多数运动来说，使用口呼吸比使用鼻呼吸更受欢迎。

呼吸是我们自然而然在做的事情，不需要意识支配，我们的身体会自动采用最佳的强度和类型进行呼吸以适应我们正在进行的训练。试图改变呼吸节奏或者呼吸方式是不可取的，这样也可能导致成绩下降。

跑步技巧

跑步很简单，但跑马拉松是艰难的。如果使用得当，跑步技术可以使26.2英里的旅程变得更容易一些。

曾经，马拉松选手只穿一件背心、一条短裤和一双皮革鞋，然后自己在户外一英里一英里地训练，最后参加比赛。毫无疑问，有些人会怀念过去，但是科学技术的进步，加上大众参与马拉松跑步的热情增长，改变了训练和比赛的面貌。

心率监测

除了已经讨论过的衣服和鞋类装备的进步之外（参见第38～39页），我们对马拉松跑步需求的更深入了解以及训练的优化已经可以使科学与工业相结合，从而使训练更轻松和更有效。跑步者使用的最常见的辅助工具之一是心率监测器，我们将在第二部分进一步讨论它们的应用（参见第88页）。他们帮助选手判断训练强度，有些甚至可以在比赛时使用。有一种不利的情况是过度使用监测器，跑步者的关注点仅局限在他们的心率，而不是他们的身体感觉。我通常建议跑步者不要将其当做圣经，而仅作为指导，让其提供顺利进行训练的保证。即使跑步速度不变，心率也会逐渐上升。特别是在炎热的情况下，因为心脏必须更加努力地将血液输送到皮肤以保持凉爽，所以它们的使用变得复杂。

"在生物力学上，使用跑步机跑步与室外跑步不同，两者可能产生稍微不同的跑步姿势：跑步机跑步是将前腿"拉回"身体下方，而不是依靠腿部的力量向前推动身体。"

室内跑步机

几乎每个城镇的每条街道都有一个带跑步机的健身房。如今跑步机已经成为一种室内训练的选择，空调和电视屏幕取代了风、雨和乡间小路，而过去的跑步者在任何条件下都必须进行户外训练。我的建议是将跑步机作为偶尔的选择，大量的马拉松训练依然在户外进行。从生物力学的视角来讲，使用跑步机跑步与室外跑步不同，两者可能产生稍微不同的跑步姿势：跑步机跑步是将前腿"拉回"身体下方，而不是依靠腿部的力量向前推动身体。科学研究发现，解决这个问题的最好方法是将跑步机的倾斜角度抬高1%。跑步机跑步也无法复制户外跑步变化的坡度和地面。尽管在使用跑步机跑步时健身房会尽量模拟室外环境，但还是改变不了跑步机上风景单调乏味的本质。

GPS

近些年，当便携式全球定位系统（GPS）被开发出来之后，通过外层空间的卫星监控跑步的想法依然没有得到马拉松运动员的认可。GPS单元不仅可以监控跑步者的位置，还可以监测他们跑步的距离以及跑步速度。由于在组织良好的马拉松比赛中，任何人都不可能迷路，所以GPS的主要价值体现在训练期间。它能够让跑步者使用计算机软件追踪和分析跑步，并将一次跑步与另一次跑步进行比较。

在马拉松比赛中，英里和公里的标记使我们能够更容易追踪自己的跑动距离和跑步速度。但是当情况变得艰难，并且路线未知时，我发现用GPS进行追踪确实会有所帮助，因为它以英里为单位提示已经跑过的里程，以及何时应该出现下一英里的标记。

马拉松是困难的，如果不是的话，那么每个人都可以跑完全程。虽然许多人在没有任何技术或科学支持的情况下跑马拉松，但使用科学技术补充而非主导训练有助于赛事的准备。

现如今技术已经发展到可以在训练和比赛中为各级跑步者提供支持。

高海拔条件下跑步

在海平面的海拔跑马拉松是艰难的事情，然而海拔越高，空气越稀薄，完成比赛的挑战更加巨大。

体育运动科学最伟大的先驱之一格里菲斯·普格（Griffith Pugh）在20世纪50年代进行了支持喜马拉雅山高海拔探险的实验。他发现那些试图在高海拔跑步的人都清楚，海拔在2000米（6560英尺）及以上时，对身体的要求显著增加，跑步将变得更加困难。

跑步者在海平面跑步时呼吸到肺部的空气中氧气含量约为1/5，这对于马拉松比赛期间的能量供应至关重要。随着海拔的升高这一比例不会发生改变，但问题是随着海拔的升高，空气的密度逐渐减小，因此每次呼吸时进入肺部的氧气就会相应减少。氧气从肺部转运到肌肉也依赖于空气压力，氧气在相对较高的压力下进入肺部，伴随着"压力梯度"逐渐下降到达肌肉。当空气密度随海拔降低时，压力也会降低，这使得肺部在提取空气中的氧气时更加困难，因此向肌肉供应的氧气也相应更少。

"在高海拔条件下进行耐力项目比如马拉松比赛时，通常我们建议运动员在比赛前应至少提前1～2周到达，以便有时间适应。"

高海拔环境通常被认为是"含氧量低"或缺氧的环境。为了保持氧气摄入量，呼吸频率和心率均增加，这使得跑步更加困难，并因此对跑步成绩产生影响。1968年，普格通过喜马拉雅研究预测在2250米（7380英尺）海拔下举行的墨西哥奥运会中耐力赛成绩将会受到影响，结果表明他是正确的。一直在海平面上跑步的跑步者在高海拔下跑步时会努力为肌肉提供足够的氧气，他们的跑步时间会增长，疲劳程度会增加。

今天，在海拔2000米以上（6560英尺）的地点举办的大型马拉松比赛非常少。但科学家们发现，在一段适应期后，跑步者可以适应和应对高海拔的挑战。适应的主要原因可能是运动员的血红蛋白浓度在10～14天内会相应增加。这个过程由一种被称为促红细胞生成素的激素调控，

高海拔下稀薄的空气和低浓度的氧气可以使在海平面的海拔跑步时取得的成绩发生变化。

如果这种激素是注射的而不是人体自然产生的，那么借此提升的成绩被认为是非法的。随着时间的推移，高海拔条件下心率和通气率会下降，并且高海拔跑步的感觉开始与在海平面跑步的感觉类似。

在高海拔条件下进行耐力项目比如马拉松比赛时，通常我们建议运动员，在比赛前应至少提前1～2周到达，以便有时间适应。然而，科学研究表明，适应了高海拔的运动员在返回海平面进行比赛时会具有优势，因此无论赛事在哪里进行，许多运动员都会将高海拔训练作为马拉松备战的一部分。

然而，他们面临的问题是，抵达高原的头几天，训练的质量和数量会受到影响，因此当前运动员会采取"高海拔生活，低海拔训练"的战略。这包括运动员在高海拔睡觉和生活，产生生理适应，但训练时短暂返回到低海拔地区。还有一种风险是，如果血红蛋白水平变得太高，血液的黏度就会增加，血液和氧气就很难通过微小的毛细血管网渗入肌肉深处。

高海拔训练和适应在很大程度上仍然只是职业马拉松选手生活方式的一部分，而并不适用于大多数业余选手。然而，有些实验室和商业中心可以为跑步者提供在缺氧环境下训练和适应的机会，并且全世界海拔超过2000米（6560英尺）的马拉松比赛允许所有水平的跑步者参加。

马拉松比赛后的恢复需要时间，但是使用科学方法能够改善这一过程。

赛后恢复的科学

采用基于科学的恢复策略将有助于优化跑步后的恢复，并提升马拉松训练和比赛的成绩。

从训练和比赛中恢复是马拉松成功的关键部分。当艰苦的跑步结束后，恢复阶段的身体需求开始减少。这段时间的长短和持续性取决于跑步的长度和强度。短暂的艰苦训练之后，进行整理运动并从血液和肌肉中清除乳酸是优先事项；而在长时间的耐力跑或一场马拉松之后，补充失去的液体和能量是至关重要的。

整理运动是一项技术，我们将在第二部分进一步探讨（参见第94页）。但即使进行相对短距离的跑步，液体也会流失，并需要补充。在训练或比赛前后养成自己称重的习惯是有用的，因为每减重1千克（2.2磅）相当于排出了大约1升（1.75品脱）的汗水。可能的话需要立即补充，理想的补充液体是不含酒精和咖啡因的饮料。在短时间跑步后能量补充并不重要，但恢复性饮食中仍然需要碳水化合物，因为如果在数天和数周内经常无法正确补充碳水化合物，那么将逐渐导致糖原储备耗尽和疲劳累积。

当你在马拉松比赛结束冲线时，即使在饮用了补液饮料的情况下，体重也可能会下降2~4千克（4.4~8.8磅），其中大部分是以汗液的形式流失的。这时需要迅速补充液体，等渗饮料在起到补充液体的作用时，还有助于补充电解质。赛后一个简单而有用的表明脱水的现象是尿液颜色：如果它的颜色较深，说明仍然处于脱水状态；而浅黄色是一个很好的征象，表明处于完全保水状态。

马拉松跑需要能量。为了尽可能迅速和有效地恢复，一旦停止跑步，便需要及时和有效地补充能量储备。跑马拉松的能量消耗总量约为3000卡路里，相当于大部分男性的日常食物摄入量。马拉松比赛会耗尽人体的糖原储备，同时激活糖原合成酶的活性，该酶负责将吸收的碳水化合物转化为肌肉和肝脏中的糖原。因此，科学家发现，完成跑步后的几个小时内，即当糖原合成酶处于最活跃状态时，如果摄入了碳水化合物，那么便为糖原的快速补充提供了一个机会窗口。

然而，与马拉松跑步相关的疲劳和生理变化常常使跑步者在比赛后的一段时间内不想吃大量食物，因此含有高碳水化合物的能量饮料是有效的替代品，同时也能帮助补充液体。

在马拉松比赛中，因为承受35 000步所产生的冲击，肌肉纤维会撕裂并产生损伤。这将导致肿胀、炎症，并最终导致疼痛。这些影响常在马拉松后48小时达到峰值，并持续2~3天。按摩和冰敷可能会减少这种情况的发生，这将在本书后文中进行探讨。但对某些人来说，腿部酸痛和用奇怪姿势走路可被视为荣誉徽章，表明已经完成马拉松比赛！

与跑马拉松相比，跑完马拉松的恢复比较容易，并且无论你是否制订并遵循了恢复计划，随着时间的推移总会得到恢复。但是，通过帮助和恢复策略，可以在马拉松比赛和训练后加强恢复，并确保可以为下次马拉松做好有效准备。

除非跑步产生的热量快速有效地散发，否则体温将上升，并有可能产生致命的结果。

体温调节或过热

马拉松选手不喜欢过热。炎热和潮湿使他们难以保持凉爽，与正常跑步相比长距离跑步更具挑战性。

在静息时，我们的体温在37℃（99°F）左右。当跑步开始以及肌肉收缩时，热量会产生，结果，身体（或核心）温度开始上升，直到我们散热的速度与产生热量的速度相同。此时温度为38～39℃（100～102°F）。出汗和向外部环境传导热量是人体散热的主要方式。为了完成训练或比赛的其余部分，理想的情况是体温保持在38～39℃（100～102°F）的范围内。

但是，当外部环境炎热或潮湿（或两者兼而有之）时，跑步者散热会变得更加困难。汗水滴落而不是蒸发，并且在皮肤温度与外部环境之间的差异较小时，热量难以从身体散发。事实上，在炎热的日子里，甚至可能会有热量传入人体。这样，散发的热量难以与身体产生的热量平衡，并且难以保持核心温度不变。在这种情况下，我们看到核心温度再次上升，如果放

出汗是身体防止过热的主要手段，但是在持续出汗的情况下补充流失的体液是至关重要的。

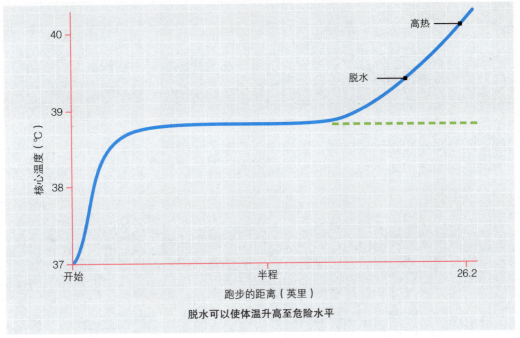

脱水可以使体温升高至危险水平

任不管，可能导致潜在的灾难性后果。

当核心温度超过40℃（104ºF）时，将出现一种称为高热的情况。这是身体实际上已经过热并且正常功能开始受损的情况。大脑变得不清醒，跑步者失去调节能力并迅速开始疲劳。心脏必须更努力地工作，将更多的血液转移到皮肤上以进行冷却，因此到达肌肉和大脑的血液和氧气减少。

身体面临两种选择。第一种，也是最明智的，就是减速，以减少热量产生，并恢复热量产生和热量散发之间的平衡。在炎热的环境中，将其与补充液体结合非常重要，因为液体本身有助于冷却身体，并且极其重要的是让跑步者持续出汗。第二种，是更为极端的选择，是身体采取水平姿势，以保护大脑血液和氧气的供应。这当然意味着躺下。由于虚脱，躺下这一动作可能是有意识的，也可能无意识的。我曾经在一年中最热的一天跑了一场马拉松比赛，一位经验丰富的跑步者将这一场比赛比喻为一场战争，许多跑步者由于虚脱躺在了比赛道路两侧。

> **"当核心温度超过40℃（104ºF）时，将出现一种称为高热的情况。这是身体实际上已经过热并且正常功能开始受损的情况。"**

马拉松运动员意识到他们在炎热的日子将面临额外挑战，然后准备设定更现实的目标，并可以在发生过热时识别相应症状，这一点至关重要。在炎热的条件下跑马拉松是可能的，只是需要重新审视和把重点放在安全和愉快地跑完里程。大多数比赛都是在早上开始的，所以当比赛进行时预计气温会逐渐升高。如果有必要，在你的身体告诉你停止之前减速！

我们中的有些人是晨跑者，而有些人则喜欢晚上跑步。但是如果你不能左右马拉松比赛的开始时间，就应确保自己在一天的正确时间跑步。

我们所有人都习惯了觉醒和睡眠的模式，这种模式通常反映了我们在白天和黑夜的状态。虽然我们都知道自己在这些时间里的反应和行为，但我们不太清楚它们何时影响警觉性、体温、饥饿和训练准备等领域的一系列高峰和低谷。这种24小时模式受到昼夜节律的控制，基本上是靠外部因素（例如日光和黑暗）驱动内部身体时钟。

开始时间

很多科学家研究了昼夜节律对训练和跑步的影响，并发现节律可能会影响成绩，这取决于跑步或训练发生在一天中的哪个时间段。

一些跑步者早晨感觉慵懒并不罕见，但在同一天的晚上则会精力充沛。其他人则喜欢在每天早些时候跑步。有证据表明，大多数跑步者在午后或傍晚时处于"生理高峰"，这使得晚些时候进行训练有了理论支撑。不过，我不赞成在晚上跑到太晚，因为这会提高代谢率和体温，但那时身体应该休息并准备睡觉。

无论你的偏好如何，事实仍然是绝大多数马拉松比赛在上午开始，选手必须确保为此做好准备。不幸的是，许多研究发

身体具有控制睡眠和运动的生理节奏周期，将这些节奏调整到与跑步时间对应有助于提高成绩。

现，早晨并不是跑步的好时机，因为此时体温低，并且已经在一段时间内没有进食。

我总是建议跑步者提前几周确认比赛的开始时间。随着比赛日的临近，开始将他们的训练时间和身体时钟调整。即使是最忠诚的夜跑者，也必须让自己的身体适应比赛的时间，否则在比赛当天站在起跑线上可能会带来精神和心理的双重冲击。没有什么比在26.2英里的起点就感觉慵懒更糟糕的了。习惯于在一天的早些时候开始比赛，以便在醒来和开始跑步之间留出时间间隔，这还有助于调整其他身体功能，包括食欲和其他一些细节，确保跑步或比赛开始时不会有大便的感觉！

时区

各种水平的跑步者都在寻找新的挑战，例如海外马拉松。这意味着穿越时区，时差可能是一个问题，因为时间的变化会打乱昼夜节律。科学家们发现，人体可以以每天60～90分钟的速率适应时区的变化，在向东进入其他时区后似乎需要更长时间的调整。因此，如果时区变化为5小时，则应提前至少4～5天到达，以使你的昼夜节律有机会重新适应。研究人员发现，尽早接触明亮的自然阳光有助于快速重新设定用餐时间，同时在与比赛相同的时间点进行训练，这些都将加速调整过程。好消息是，尽管时差毫无疑问会带来疲倦感，但研究发现，对成绩的影响往往不会太大。

重置你的生物钟以便在跑步时可以正常运行是非常重要的，同时确保你的训练和准备工作得到优化。海外比赛和时区变化使马拉松更具挑战性，但通过使用简单的技术，你仍然可以随时创造出卓越的成绩。

马拉松训练可以比比赛本身更艰苦，但是科学的方法有助于使比赛轻松一些。

第二部分

马拉松跑步 的训练

从开始训练到比赛一周，了解如何最好地运用体育科学为马拉松赛做好合理准备。

人们常说，马拉松训练计划中最困难的一步是第一步。一旦着手进行，奇妙旅程便已开始，马拉松正在向你挥手。

为什么会有人想要经历26.2英里跑的训练、努力和痛苦呢？没有简单的答案。在过去，马拉松是项在高端的小范围跑步者中展开的竞争性比赛。今天，它是大众参与的活动，吸引各种体形、体重和能力的跑步者参与。许多人只是为了体验一次，然后可以对外宣称自己跑过一次马拉松。有些人会追求更多，有些人被个人目标驱动以募集慈善基金。也可以这么说，有不少跑步者站在起跑线上纯属偶然：他们只是在朋友面前吹嘘，随后草草提交了比赛申请，几周后在收到"祝贺你，你可以参加本次马拉松"的信件时会产生震惊和绝望。

那么，你追求马拉松的成功的开端在哪里？当然，这取决于你的身体水平和跑步经验。如果你是一个只有很少或根本没有跑步和锻炼经历的深度宅男，请你的医生为你进行健康检查是明智选择的第一步。假设一切都很好，下一步就是投资购买一些合理的装备。装备要以舒适和安全为主要优先事项，而不是时尚。你可以在一个好的跑步商店得到相应帮助，如果工作人员很好，他们将能够为你提供符合你需求的鞋类和跑步服装的建议。许多马拉松比赛会在春季举行，训练可能将在黑夜中进行，因此看到和被看到是重要的考虑因素。

在这个阶段，我总是建议跑步者可以找一个跑友。跑友并不是每天和你去酒吧的朋友，而是一个新手跑步者，甚至可以是为同一场比赛进行训练的人。虽然你们不需要

一起跑步，但处于同等条件下并且能够激励你训练的其他人可以在未来很长时间内为你提供帮助。

下一个非常重要的阶段是开始迈开步子跑起来，即使最初速度很慢并且持续时间较短。大多数跑步者会在比赛前的5～6个月知道他们将要参赛，即使那些跑步或运动经验有限的人也可以充分准备。这也提供了足够的时间来慢慢开始，并逐渐进

跑步是简单的，但是马拉松训练很复杂，所以如果你的目标是完成马拉松比赛，那么计划和准备是必不可少的。

步，因为急于求成是许多新手犯下的最大错误之一，并且可能会导致损伤。在这个早期阶段，这有助于实现一个现实目标，这个目标在随后的训练中可以做出修改。

我一直希望马拉松运动员，特别是初学者铭记，头号目标必须是完成比赛，而不是和别人竞争。如果这是你的第一次马拉松比赛，那么你打破世界纪录的可能性很小，并且你的期望必须切合实际。

如果你训练步骤的第一步是走路的话，不要担心，因为快走比慢跑更好。当你的身体已经适应了快走，再快一点就会变成慢跑；增加步幅，你会发现自己可以跑得更快，跑得更久。奇妙的马拉松旅程已经开始！

训练原则

适当的递进、合理的强度和比赛当天战略方法的结合，可以确保训练是合理的、最佳的，并能够降低受伤的风险。

第一部分讨论了特殊性、递进、强度和恢复的重要性（见第48～49页）。在实践中，我发现规划一个项目的最好方法是从后向前规划，即马拉松比赛日之前的2周作为缓冲期（当训练负荷减少时，让身体准备好进行比赛）并进行赛前恢复，然后计算出你需要进行多少周的训练。一旦规则完成，不要惊慌！像跑马拉松一样，训练是一个缓慢而持续稳定的过程，你必须为自己做好准备，不要急于求成。

当然，训练的主要部分必须是跑步，让你的身体习惯于长时间的跑步是训练计划的基础。如果你是一个新手，并且在为第一次马拉松训练，那么你最初的目标应该是跑一定的时间，而不是跑一定的距离。如果最初只能跑10～15分钟，也无须

如果跑步者希望从训练中获得收益，那么他们都应该清楚马拉松训练的基本原则。

误区：马拉松训练是无聊的

什么事情做多了都会变得无聊，所以毫不奇怪，反复跑步备战马拉松比赛将很有可能出现在你的无聊清单上。然而对于很多人来说，跑步提供了一种减轻压力的方式，并且可以清空日常生活中的忧虑和问题。通过使用简单的技术，有可能以各种各样甚至令人兴奋的方式快速跑完各种赛事，甚至是最长的马拉松赛事。

开发一系列跑步路线，每条路线都有自己独特的曲折、转弯和风景变化，这是寻求变化的最简单方式。即使仅仅沿相反方向跑相同的路线也可能会使沿途风景看起来有惊人的不同。

与团队或朋友一起跑步时可以在说笑中跑过每一英里；而当跑长距离时，参加一项有组织的比赛会激发你的竞争欲望；如果旁边有支持者，也有助于你更轻松地跑步。

许多跑步者喜欢在跑步时听音乐；而对于另外一些跑步者来说，跑步可以理清思绪，也可以通过不间断的思考处理和解决问题。想象获得奖励或愉快的情况，比如完成你正在为之训练的马拉松，也是在漫漫里程中分散注意力的好方法。使用这些技术可以使跑步从单调乏味的体验转变为治愈甚至放松的体验，并且随着训练计划的展开和季节的变化，在同一条路线上可能很容易看到不同的风景。

担心。随着每一次训练的完成，你的身体都会对训练的刺激做出反应，并通过改善氧气输送系统进行适应，同时加强为跑步的每一步提供支撑的肌肉、肌腱和韧带。

"适当的递进、合理的强度和比赛当天战略方法的结合，可以确保训练是合理的、最佳的，并能够降低受伤的风险。"

如果最初你的体重增加，请不要惊讶。因为肌肉生长的时间较短，而体脂减少则需要很长时间，所以当你的肌肉变得更强壮时，你的体重可能会略有增加。

很快，训练之初感到很困难的跑步将变得很轻松。现在是开始增加训练量的时候了，首先是增加跑步的持续时间，然后是提高跑步速度。开始时，跑步后需要很长时间才能恢复（至少1天）。这是因为肌肉纤维受到压力，当它们恢复和修复时，

可能会伴随一些疼痛，这种疼痛过一段时间会自然消失。

不要担心时间。事实上，这样做是相当重要的，因为运动过多而没有时间进行恢复和适应会增加受伤的风险。

正如我们稍后将要探讨的那样，每周训练中最重要的一环是大多数跑步者喜欢在周末进行的"长跑"。提高长跑成绩的一个有效方法是每周跑步里程增加10%。大多数跑步者、科学家和教练都主张，马拉松训练计划中至少应该包括一次20~22英里的长跑，这应该在比赛前2~3周进行。这是在时间上从后向前规划真的可以帮助到你的地方，所以你可以计算你在比赛前几周应该跑步的最长里程，并且重要的是，可以确保你不会太快使身体超负荷。

有很多马拉松训练项目可供参赛选手

选择，我们将在第166～169页列出。马拉松比赛的训练不是一门精确的科学，而且备战大型赛事有很多不同的方法。偶尔以骑自行车或游泳等形式进行训练没有坏处，但这些替代方法只能偶尔使用，而不是定期使用。如果找到额外的训练时间变得很困难，或者不可能，这就是你应该通过提高速度或快慢速交替跑增加强度的时间点。

坚持训练的基本原则在马拉松训练中至关重要，并且应该确保你以正确的速度和强度进步，最大限度地降低受伤风险，并确保你在正确的时间找到最佳状态。

训练的每一步都将对你的身体需要的生理和心理变化起到或多或少的作用，这样你便能跑完26.2英里。

误区：如果出现伤病，必须退出马拉松

当然，没有人希望因为受伤或疾病而失去训练时间，但这些都是马拉松训练的职业危害。离比赛日越近发生疾病或损伤，问题越大。如果医生明确表示不可以参加马拉松比赛，那么退赛是唯一的选择。许多大型马拉松赛事允许退赛选手推迟12个月参加赛事，以减轻选手不可避免的失望。

如果在训练计划的早期或中期阶段，仅仅花了几个星期进行训练后出现伤病，那么就不要失望。弥补失去的时间和里程相对容易。应逐渐恢复跑步，而不是试图以在损伤或疾病发生之前相同的强度和容积重新开始训练，这是很

重要的。

但是，如果长时间没有训练，并且计划末期没有完成关键阶段的训练，那么只要你还适合跑步，就需要重新设置比赛目标。毕竟，完成马拉松不需要以高速度或高强度跑步，慢跑，甚至结合步行，仍然可以在合理的时间内完成26.2英里，并且可以进入多数马拉松比赛的截止点。

在出现伤病后决定是否参加比赛是困难的，有时甚至是非常个人化的决定，但是如果你的健康条件允许参加比赛，并且自己已经准备接受较慢的成绩，那么完成马拉松仍然是可能的。

评估自己的身体及跑步姿势

一旦成为职业运动员,实验室现在可以为各种背景的跑步者提供身体和跑步姿势的评估服务。但是实验室测试是否有效,并且是否能够有利于提升成绩?

向马拉松比赛的奖牌发起冲击往往是训练计划中最难的部分,在开始时审视自己的能力,并且调整训练和跑步姿势,以便优化跑步和减少受伤风险,这样做对许多人来说是值得的。

运动生理学的进步意味着我们现在可以准确评估跑步者的身体水平以及不同训练阶段的最佳速度。生物力学和运动分析方面的类似发展意味着我们可以评估跑步技术并确定需要改变的内容。就在几年前,这些类型的评估只能提供给职业运动员,但今天许多大学和商业中心为所有水平的跑者提供了更好地了解其个人生理和跑步姿势的机会。

但这是否值得?它能告诉你什么?在

运动科学实验室参加生理评估的跑步者可能会面临一系列测试和监测,其中包括测试他们的体脂百分比以确定其最佳体重(如果你超重,那么在训练和比赛中你就需要消耗更多的能量)。测量几乎肯定会包括在一系列逐渐增加的跑步速度下的心率和摄氧量的变化,以及通过最大摄氧能力测试来确定最大摄氧量和心率。同时,可以通过对乳酸的监测来确定跑步初始速度。所有这些数字可以结合起来,形成一个跑步者目前身体水平的图片,并指导和调整他们在训练中的跑步速度。

然而,这种做法的缺点是这只是一个相对简单的评估,在经过一段时间的训

优化训练时间可以确保你的身体能够稳定且特异性地适应马拉松比赛的需求。

练后这些监测数据很快会向积极的方向改变，或者在受伤或生病后会发生退步。定期测试有助于监测一段时间内的进展情况，但这需要很大的成本，跑步者需要权衡取得的收益是否与这种成本相称。尽管这种知识对于运动员和教练都很有帮助，但值得注意的是，还有很多跑步者没有经过任何形式的生理评估就接受了且完成了马拉松训练。

跑步姿势的分析也适用于各种水平的跑步者，分析方法可以包括在跑步机上的二维平面拍摄，甚至是更加复杂的三维运动学和动力学评估。这种评估可以帮助跑步者改变任何消耗额外能量并使跑步效率降低的动作或习惯。它也可以帮助确定适合特殊跑步姿势的跑鞋类型，从而降低受伤风险。正如第32页所讨论的那样，很多情况下，跑步者的姿势并不优美，但这种姿势却适合他们的生物力学。当解释那些不习惯在跑步机上跑步的人的信息时，还需要注意，这种在跑步机上跑步本身可能对跑步者的跑步方式产生短期影响。

不同的训练方法

马拉松训练并不简单，但并非每种方法都需要大幅改变生活方式。你必须做出牺牲，每周进行长跑等核心元素是成功的关键。

马拉松训练不是一门精确的科学，并且有多种方法可以让你的身体备战26.2英里。你决定遵循哪种方法取决于许多因素，包括你的经验、目标，以及最关键的是你的生活方式。大多数教练手册建议彻底改变你的日常习惯，牺牲家庭时间和娱乐时间进行数英里或数小时的训练。毫无疑问这种方法是有效的，但也可以使用其他可以在训练负荷、时间、伤害预防和成功之间取得良好平衡的方法。

马拉松训练计划通常建议每周进行5~6天训练，其余1~2天进行恢复。这是一个理想的方法，为增强马拉松所需的腿部力量和心血管耐力提供一切机会。还有另一个极端的训练方法，我有一个可以经常在大约4小时内完成马拉松比赛的运动伙伴，但是他每周只进行一次训练。虽然这与所有马拉松教练手册相悖，但"每周1次"和"每周6次"的方法有一个共同点就是每周都要长跑。这是任何马拉松训练计划中最重要的组成部分。如果你的最长跑步距离从未超过6英里，那么每周训练6天的收益有限；但是如果你每周训练1次，每次跑步的里程逐渐增加，直到一次的跑步里程超过20英里，那么你也可以完成马拉松。

当然，这种一周1次的方法永远不会耗费大量的时间，但可以通过这种训练成功完成马拉松。对那些忙于工作、上下班和必须照顾家庭的人来说，这可能很有吸引力，但它不会增强必须通过更长时间和更长里程的训练才能获得的耐力和力量。

从生理和心理的角度来看，长跑训练都很重要，并且由于时间的限制，大多数跑步者都会在周末训练。这使得跑步者可以在肌糖原低储备的情况下跑步，同时可以增强马拉松比赛所需的心理适应能力和信心。

关于你最长应该跑多远并没有硬性规定，但20英里应该是你的最低目标。与

不论是单独训练还是组成团队训练，避免可能引起伤病的训练是关键。

此同时，朝着这个目标进步的过程应该包括一系列稍短距离跑，如16英里、17英里、18英里和19英里，这样可以使人体产生马拉松所需的生理变化，而跑步超过20英里将会使你信心倍增。在理想情况下，你的训练应该包括接近26英里的跑步。对于有时间和条件支持这种训练的职业运动员来说，这是正常的。但事实上，对于我们许多人来说这是不可能的。所以关键的是你的训练为在比赛日将跑步里程增加到26.2英里奠定了基础。

每周的长跑可以挑战身体在低糖原储备条件下跑步的能力，但科学表明，你也可以实现背靠背短跑。

如果12~15英里的跑步之后是低碳水化合物饮食，那么第二天你可以在低糖原储备的条件下开始跑步。当然这种方法不适用于比赛，但这意味着在开始复制马拉松比赛第18~20英里时发生的低糖原状况之前，你只需在第二次跑步中跑6~8英里，这便使背靠背跑步成为一个取代单次长跑的更简单且更具吸引力的选择。

不要被那些建议必须彻底改变生活方式以完成马拉松比赛的人蛊惑。当然这并不容易，但是当你决定训练时需要做出牺牲。切记最长跑步里程是至关重要的，比赛当天合理且现实的成绩目标和策略也是至关重要的。

接受教练指导并与他人一起跑步

寻找一位朋友互相激励、同时训练或请一名教练进行指导可以使艰苦漫长的马拉松训练变得更容易、更有效。

在大众参与的马拉松比赛得到全面发展之前，跑完全程马拉松的人一定是认真甚至是狂热的人。他们将跑步视作生命，对于他们来说，训练的痛苦和不适都不值一提。通常他们是跑步俱乐部的一员，在那里有许多志同道合的跑步者，他们经常参加比赛，并有机会接触教练。在互联网尚未普及时，面对面的交流对于所有重要的建议、培训计划和辅导至关重要。

今天，加入一个职业俱乐部可能是不切实际的，但大多数现代跑步俱乐部都会向各种水平的选手敞开大门。当你总是希望待在室内时，有规律的俱乐部训练之夜（通常每周2次）可以为你提供与其他人一起训练的机会并给你提供跑步的动力。通常情况下，俱乐部在周末也会举办比赛。当大型马拉松比赛临近时，他们会频繁增加跑步里程，这有助于让跑步感觉更轻松，更具社交性。

保持训练的动力和专注力的最佳方式之一是遵循培训计划。在本书的第166～169页，我为不同生活方式和能力的选手制订了马拉松训练计划，还有许多其他类似的计划可以在互联网上或杂志上找到。

它们都有一定作用，科学方法可以提高训练水平和成绩，但这不是一成不变的，有许多不同的方法可以达到同样的目的。如果你不想加入俱乐部，但仍然希望得到教练的指导，那么你可以通过互联网获得私人教练的支持。在这里，训练计划是个性化的，并且将由教练定期更新，这也可能是一个与其他人沟通交流的机会。但是，这需要成本，成本取决于所需服务的水平。

制订计划后，无论你是一个普通人，还是一个来自互联网或俱乐部的教练，与朋友一起跑步都会感受到动力十足。当事情变得艰难时，你们可以互相帮助。但是，仔细选择跑步伙伴是非常重要的，因为正如我们所讨论的那样，以正确的强度跑步是马拉松训练成功的重要前提。

一个周末的早晨醒来后面对漫长而孤独的跑步，并不是每个人都觉得这是一天中美妙的开始，但知道有一个志同道合、水平相当的朋友或俱乐部伙伴可以和你一起训练对你的帮助极大。

一个值得注意的问题是，你需要确保自己不会被别人的热情所误导，并且不会尝试超过自己的极限。新手马拉松运动员尤其如此，他们的需求可能并没有被包括在一些为经验丰富的跑步者（通常这些跑步者的目标是更好的成绩，而不是单纯的完赛）提供指导的教练的要求和计划中。

无论是提出建议的教练还是跑步伙伴，只要有人为你的马拉松训练提供支持，就可以帮助你完成数月的备战。随着信心的增长和身体状态的增强，激励自己并为自己的训练和身体状况负责，确保你以适合自己的方式进行训练。

没有哪两个跑步者是相同的，所以充分了解自己的情况可以使马拉松训练变得更容易和更有成效。

设定可以达到的目标时间

大多数跑步者对于他们的马拉松都有一个理想的目标时间。为了确保这一时间是基于事实和科学的，而不是虚构的，下表给出了实现一系列完成时间所需的跑步速度。

该表还显示了从起点到终点所需的中位时间，从而可以让你找到适当自己和符合实际的节奏策略。但要注意的是，如果你的目标时间所需跑步速度比你在马拉松赛前训练和比赛中的跑步速度快，那么你将无法在26.2英里的全部里程中保持该速度，所以要认清现实并重新设定目标。

跑步节奏表

速度 （分/英里）	5英里 （8公里）	10英里 （16.1公里）	13.1英里 （21.1公里）	15英里 （24.1公里）	20英里 （32.2公里）	25英里 （40.2公里）	26.2英里 （42.2公里）
15	1小时15分	2小时30分	3小时17分	3小时45分	5小时	6小时15分	6小时33分
12	60分	2小时	2小时37分	3小时	4小时	5小时	5小时14分
10	50分	1小时40分	2小时11分	2小时30分	3小时20分	4小时10分	4小时22分
9	45分	1小时30分	1小时58分	2小时15分	3小时	3小时45分	3小时56分
8	40分	1小时20分	1小时45分	2小时	2小时40分	3小时20分	3小时30分
7	35分	1小时10分	1小时32分	1小时55分	2小时20分	2小时55分	3小时3分
6	30分	60分	1小时19分	1小时30分	2小时	2小时30分	2小时37分
5	25分	50分	1小时6分	1小时15分	1小时40分	2小时5分	2小时11分

训练计划中包括多种类型的跑步增加了多样性并增强了身体的各个方面。

站在起跑线上时，你必须谨记自己基于之前的训练和比赛成绩设定的本次比赛的完赛时间。

误区：如果我可以跑完20英里，那么我就可以跑完马拉松

马拉松训练过程中，每周长跑的重要性不容低估，因此，大多数训练计划的重点是在跑26.2英里的马拉松之前至少要能够跑完20英里。但是，能够完成20英里并不能保证成功，剩下的6.2英里是20英里的31%，许多经验丰富的跑步者会说，跑完这6.2英里需要做出的努力要超过31%！此外，以跑20英里的跑步速度跑26.2英里几乎肯定会在最后几英里内使你崩溃。

一次能够跑完20英里并不是能够跑完马拉松的标志。16～20英里跑的次数也很重要，因为这些较短里程的组合（不是单次长里程）可以引起提高耐力的生理反应。

也就是说，如果你能跑20英里，那么除了出现较大意外，你应该有能力完成马拉松比赛。最后几英里将是艰难的，除非20英里的跑步是相近里程的众多跑步中的一个，否则只有通过合理的节奏策略才有可能完成剩余的6.2英里。

完成20英里的训练应该是成功马拉松战略的一部分。理想情况下，它将成为一系列相近里程（如果不是更长的话）的一部分。如果在训练中可以跑完22～24英里，26.2英里的精神和生理挑战将变得容易一些。

误区：跑马拉松可以减重

确实，当你跑完26.2英里时，你的体重将会比在起跑线上时的体重轻得多。但是，这种下降的主要原因是排出汗水引起的液体流失，这很容易导致体重减轻3或4千克。一旦你在比赛后开始饮水和补水，体重很快就会恢复。长期体重的减轻是由于储存在体内不同部位的脂肪的消耗，这种脂肪储备很容易在跑完马拉松后减少甚至消失。

然而，每克体脂可产生9卡路里的能量，跑马拉松的平均能量消耗约为3000卡路里，这相当于330克体脂的能量，因此马拉松后的任何大规模减重都只是暂时的，可悲的是体脂的长期消耗比许多跑步者想象的要少得多。跑步者跑80英里仅需要1千克体脂的能量，所以不建议将马拉松训练和跑步作为减肥手段。马拉松运动员必须有效地补充能量，否则由于训练和试图减肥导致的能量摄入不足将导致额外的疲劳、疾病，甚至引起受伤。

制订一个训练计划

有很多针对马拉松的训练方法。不是所有的训练方法都一样，但大多数都会起作用。选择最适合自己的方法可以在比赛当天取得成功。

无论是职业运动员还是第一次参加马拉松的新人，任何马拉松训练计划的目标都是很简单的：尽可能快速有效地完成26.2英里的里程。对于某些人来说，这意味着应该具有以每小时13英里的速度跑步2小时的能力，而对另外一些人来说，只是完成比赛。

没有两个马拉松训练计划是相同的，开始时它们需要反映跑步经验、马拉松经验和跑步者的身体状况。训练计划必须务实，在起跑线上的绝大多数马拉松运动员都有日常工作和家庭，并且不能花费与职业跑步者相同的时间进行训练。

"每周的恢复日也是至关重要的，让身体有时间适应训练的刺激，并且在马拉松比赛前2周也是身体恢复的关键时期。"

我曾经一次又一次地看到，新手马拉松选手被那些展示职业选手每周的训练里程和生活方式的节目所吓倒，他们认为这是完成马拉松比赛的唯一方法。事实并非如此，甚至几乎可以肯定这是错误的方法，因为未接收过较大强度训练的跑步者进行过多运动很容易导致疲劳，甚至受伤。

我们将在后文进一步探讨，无论你遵循的是哪种训练计划，你在比赛当天的目标时间和策略都非常重要。我曾经见到接受了最大强度的训练计划的运动员在比赛当天由于策略错误而未能完赛的情况，而表面上似乎不理想的计划仍然可以通过在比赛中使用合理的策略使你成功跑完马拉松。

在第一部分（见第48～49页）中，我们讨论了马拉松训练的主要科学原理，包括递进、恢复和特殊性。当遵循计划进行训练时，当然要将这些牢记在心，并且应该通过逐渐增加总里程、提高跑步强度和增加最重要的每周长跑的里程数反映出来。每周的恢复日也是至关重要的，让身体有时间适应训练的刺激，并且马拉松比赛前2周也是身体恢复的关键时期。

在我看来，经常跑10～13英里的经验丰富的跑步者应该能够轻松舒适地进行马拉松训练和比赛。我的经验法则是，如果准备参加春季马拉松比赛，那么年初跑步

马拉松训练递进

跑步周	16	15	14	13	12	11	10	9	8	7	6	5	4	3	2	1	比赛当天
最长里程（英里）	10	11	12	13	14	15	16	17	18	19	20	21	22	22	13	10	26.2

者应该具有跑10英里的能力。以通过接近4个月的训练获得坚实的有氧基础和腿部力量，并将每周跑步的里程从10英里逐步延长到20～22英里。当出现不可避免的伤病时，可以将训练暂时搁置。跑步里程每周增加1英里是一个合理的目标，并且应该确保在比赛日前一个月或更长时间内能够完成20～22英里的里程。

经验较少的跑步者或完全的新手应尽早开始练习，并且可能需要在额外2个月内逐步增加里程以使身体适应。在最简单的层面上，我发现可以根据上表中跑步的最长里程制订马拉松训练计划。

无论每次长跑包含多少其他训练课程，如果一个跑步者能够完成这些目标，毫无疑问，他们将能够完成马拉松比赛。额外的运动可以提高训练质量和跑步速度，使最后几英里看起来更容易。马拉松比赛和训练就是通过选择生活方式平衡生活目标。

好的训练计划可以改善身体状况，从而使你能够跑完26.2英里。

训练区域和心率监测

通过心率对训练进行调整，使其既不太难也不太容易可能会比较棘手，但了解如何正确使用心率监测器会使其变简单。

我们已经确定以正确的速度或强度跑步是成功的训练计划的关键部分，当然这也会对比赛当天的目标时间产生影响。持续以高强度进行训练可能会导致能量耗尽和受伤，但如果训练强度太低，则达不到改善身体条件的目的。此外，设定以训练中不能轻松实现的速度跑完26.2英里是不现实的，并且在比赛当天可能带来灾难性后果。

成功的秘诀在于不同强度的组合，这样可以为跑步提供多样化，同时能够增强有氧运动能力和耐力。由于人体维持高强度运动的能力会随着跑步距离的增加而下降，因此可以以较高的强度跑完较短的里程，以较低的强度跑完较长的里程。这并不意味着所有的短跑都必须以高强度状态完成，因为恢复至关重要，而以低强度跑短距离应该成为恢复策略的一部分，同时还会增加训练里程。

当今的跑步者可以使用过去不可能实现的技术提高成绩。

也可以将低强度和高强度训练纳入同一项练习。这样做的一个常见方法是通过一种起源于斯堪的纳维亚的技术——法特莱克训练法跑步。根据你在跑步过程中的感觉，它会涉及高强度快速跑步和低强度慢速跑步交替进行。实现相同目标的具有建设性的更好方法是间隔跑，根据时间或里程设定交替强度。

一般原则是高强度跑步能够增强心血管系统和有氧运动能力，而较低强度的跑步能够提高马拉松运动所需的腿部力量和耐力。两者都是必需的，因为提高有氧运动能力使运动感觉更容易。正如我们在第一部分（参见第18页）中发现的那样，以低于训练的强度跑步对身体的生理和代谢压力要少得多。

一些跑步者喜欢使用心率监测器来帮助判断他们训练的强度。应该将心率监测器看作一种辅助，而不要神话它的作用。

在对心率和训练强度进行研究后可制成下图，其中大致显示了与每个心率有关的训练区。

科学家们发现，增强摄氧能力最有效的训练强度是以低于乳酸水平开始快速上升时的速度进行跑步。这通常被称为节奏跑，此时的心率通常相当于最大心率的约百分之八十。随着马拉松训练计划的实施，低强度、中强度和高强度运动的比例可能会改变。开始时，我希望练习的低强度、中强度和高强度跑的比例为70：20：10，随着比赛的临近，其比例应变为50：30：20。这样可以在实现里程逐渐增加的同时针对有氧能力进行高强度跑。

凭借丰富的经验，无须使用心率监测器和监测技术就可以了解自己的身体状况。但是无论有没有技术，通过简单的不同里程和不同强度的组合训练对增强马拉松体能至关重要。

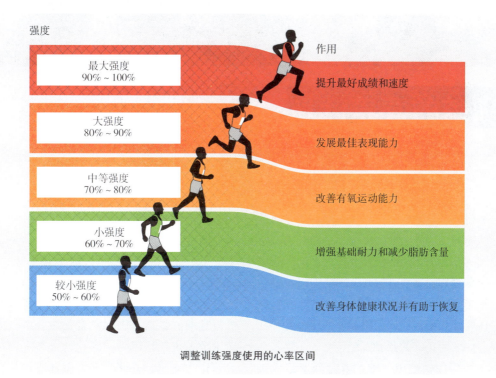

调整训练强度使用的心率区间

强度

最大强度
90%~100%

大强度
80%~90%

中等强度
70%~80%

小强度
60%~70%

较小强度
50%~60%

作用

提升最好成绩和速度

发展最佳表现能力

改善有氧运动能力

增强基础耐力和减少脂肪含量

改善身体健康状况并有助于恢复

训练的营养计划

　　如果没有正确的"燃料"，训练和比赛的成绩都会受到影响。训练的营养计划与赛前和赛后吃正确的食物一样重要。

　　进行马拉松训练的跑步者想要达到最佳状态就需要高质量的食物。正如在前文所提到的，如果你想准备充分，那么训练质量（包括合理强度下进行训练的能力以及随后的恢复）是至关重要的。因此应该像在马拉松比赛前几天一样，在比赛前的几个月和几周开始关注正确的营养搭配。

　　我们的饮食由三种主要营养素组成：

脂肪、蛋白质和碳水化合物。脂肪的能量密度非常高，可以产生大量卡路里，但不幸的是，脂肪并不是为马拉松跑提供能量的类别。蛋白质有助于修复受损组织，同时是构成人体的基石，但作为能量供应的价值有限。最后，碳水化合物对能量供应来说至关重要，因为碳水化合物在食用后会转化为糖原，并储存在肝脏和肌肉中作

如果你为高性能车加错了油，那么它肯定不会正常工作，对人体也一样。

为跑步的主要能量来源。

由于我们的糖原储备能够支撑跑完约18英里，所以大多数马拉松训练，尤其是在训练计划的早期阶段，不会因糖原消耗而面临能量短缺，只有在跑步超过18英里时才会成为问题。也就是说，如果没有摄取足够的碳水化合物，那么连续几天的短距离跑步可能会出现能量问题累积。6英里跑将使用大约1/3的可用糖原，所以这不会影响成绩。但如果之后没有及时补充糖原，下一次跑步将进一步消耗储备。如果这种情况持续数天甚至数周，营养不良将引起糖原逐渐减少，导致在跑最短里程时也会感到吃力，并且训练也会受到影响。

基于碳水化合物对马拉松运动员的关键作用，以及为了利用糖原合成酶（该酶负责将碳水化合物转化为糖原）增强的活性而在早期补充能量的重要性，在训练期间每天需要高水平碳水化合物饮食。同时，重要的是营养合理，因为如果吃太多的食物，能量摄入超过能量消耗，会导致体重增加。对于大多数人来说，6英里的跑步可能消耗大约700卡路里的能量，所以在判断用于补充能量的食物量时需要考虑这一点。

为运动人群提供营养补充剂已经成为一大产业，但我始终建议"食物至上"，因为没有什么可以替代高碳水化合物饮食。补充剂的种类可以是从碳水化合物到咖啡因，从氨基酸到维生素的一系列成分。只要你有良好的饮食习惯，可以不购买补充剂，那么可以节省大笔开销。在指导知名选手时，我总是强调饮食对训练的重要性，但偶尔会建议每天服用含铁的复合维生素，尤其是在比赛日临近的时候，这样做只是为了"保险"。铁元素是重要的，因为它是生产血红蛋白所必需的，而血红蛋白是将氧气从肺部输送到肌肉的血液成分。如果血液中血红蛋白含量低，则为贫血。这对所有跑步者来说可能都是一个问题，对经期女性来说尤其如此。

"对于大多数人来说，6英里的跑步可能使用大约700卡路里的能量，所以在判断用于补充能量的食物量时需要考虑这一点。"

产生能量需要燃料，而营养能够提供燃料。因此，合理的营养策略对马拉松的成功、保持高质量的训练以及比赛成绩至关重要。

训练过程中的补水

跑步时身体会失去液体，如果放任不管，脱水和成绩下滑很快就会发生。补水训练是所有马拉松选手的基本任务。

伴随着"燃料"的消耗，马拉松运动员面临的第二个关键挑战是体液流失。这主要是由于人体需要保持凉爽，并且需要防止核心体温升高至危险水平。假如跑步之前的饮食中碳水化合物含量较高，我们已经知道"燃料"消耗仅在长距离跑步的后期阶段才变得至关重要。但是，能够反映液体水平的跑步者的补水状态在训练和马拉松比赛的更早阶段（尤其是在炎热和潮湿的条件下）就变得非常重要。

在第一部分中，我们探讨了出汗和液体流失背后的科学，以及汗水从皮肤蒸发从而带走跑步产生的热量的重要性。在训练和马拉松比赛中，液体流失的速度可能高达每小时2～3升（3.5～5.25品脱）。

我们知道，汗水流失超过体重的2%（或脱水）对身体和精神都是不利的。对于体重75千克（11英石8磅或165磅）的跑步者来说，这相当于1.5升（2.5品脱）的汗水。特别是在天气温暖且跑步强度很高的情况下，这种流失可能会在不到一个小时的时间内发生。在马拉松比赛和训练中，脱水可以以相同的速率发生，所以有组织的马拉松比赛会考虑到补水，并在赛事路线上设置水站。例如，伦敦马拉松比赛在赛程的3英里和25英里之间的每英里处均设有水站，5英里、10英里、15英里、19英里和23英里处会提供等渗饮料。当然跑步训练中很少会有水站，因此要注意长时间和长距离跑步会使汗液流失快速达到2%的阈值。

在训练期间，跑步者可以采取一些简

饮水可以很好地补充水分，但是其中不含运动饮料中的能量和电解质。

训练时的补水与比赛时一样重要，由于训练时没有饮水站，因此需要关于补水的更周密的计划。

单实用的方法来应对脱水。第一是确保在开始跑步前摄入足够的水分，最好的办法是检查尿液的颜色：理想情况下，尿液应该是浅黄色，颜色太深说明你已经处于脱水状态。第二是在跑步时（特别是跑步超过5或6英里的情况下）带一些水。跑步者会携带形状适合放入手中的水瓶，而如果要进行长时间跑步，可以使用骆驼包（一种可以携带液体的轻量背包，并且有一个吸管可供频繁饮用）。我喜欢的另一种选择是在跑步路线上存放饮料，如果你正在跑圈，那么效果会特别好，这样可以定期补充水分。最后，运动结束后尽快补充训练时流失的液体是非常重要的，体重每减轻1千克（2.2磅）相当于流失1升（1.75品脱）液体，因此在跑步之前和之后称重会显示需要补充多少液体。

在第一部分的第28～29页中，我们探讨了补水的科学方法，并概述了等渗饮料是补充液体、能量和电解质的有效方法。由于等渗饮料可以被快速吸收，它们通常是在跑步时（尤其是长时间跑步，并且能量大量消耗时）的最佳饮料。里程小于13或14英里跑的期间和之后，尽管通过等渗饮料或碳水化合物食品补充跑步已经消耗的能量仍然是重要的，但是当能量损失不太可能成为问题时，喝水是一种非常有效且简单的补充方式。近年来，诸如牛奶、巧克力牛奶甚至椰子水等其他饮料也越来越受欢迎。牛奶饮料是含有碳水化合物和蛋白质的混合物，因此更适合用于跑步后恢复。椰子水与许多商品化的等渗饮料相似，含有碳水化合物、电解质和液体，这也提供了一种保水和补充能量的替代方式。

补水对训练和跑马拉松一样重要。这是跑步者在较早的阶段面临的挑战，而且在较短里程的比赛中比能量挑战更为严峻，因此不容忽视。

热身和整理活动

热身和整理活动分别是跑步前和跑步后的活动，许多跑步者对两者是知其然而不知其所以然。

两者的原理是不同的。正如我们在第一部分的12~13页介绍的，肌肉中产生能量的生物化学反应极其复杂，并且与化学老师传授的知识一样，温暖环境中反应的效率比寒冷环境中的高。热身使肌肉温度升高，从而使能量产生效率更高更加有效，并且随着心率、摄氧量和流向肌肉的血液量的增加，身体准备开始运动。

整理活动就是让身体稳定地恢复到静息状态，让肌肉有时间清除乳酸，并且平复刚刚结束的跑步中的一些心理反应的重要瞬间。

热身

热身运动对于参与高强度无氧运动的短跑运动员来说至关重要，但有人可能会认为热身对耐力运动如马拉松训练的作用较小。然而，训练过程会对身体造成直接的压力，尤其在训练强度很高时。根据我的经验，跑步者经常会在长时间不活动之后开始训练，例如睡了一晚后、午餐休息期间或在办公室坐了一整天后，或经长途回家后。没有准备的突然运动可能导致心血管和肌肉休克，这样会导致成绩下降，严重的甚至可能导致受伤。我发现有两种不同的跑步训练热身方法。第一种是专门的跑前热身，这应该包括5~10分钟的慢跑以使体温升高，然后腿部肌肉，特别是小腿进行一些轻度拉伸。温暖时肌肉更加柔软且更容易拉伸，所以最好是在慢跑已经使肌肉温度上升后再进行拉伸。

第二种方法是将热身融入到训练的第一部分中，这意味着以缓慢的速度开始，让身体慢慢进入活动状态，并准备在几分钟后停止慢跑，然后做一些拉伸。这种方法可以是动态的（结合快速运动），也可以是静态的（以最小的幅度拉伸肌肉）。

"热身使肌肉温度升高，从而使能量产生效率更高更加有效，并且随着心率、摄氧量和流向肌肉的血液量的增加，身体准备开始运动。"

虽然尚不清楚哪一种方法更好，但与其他更激烈的运动相比，马拉松训练和比赛的低强度表明静态拉伸对大多数马拉松选手来说是更安全和更低风险的选择。随着你的马拉松训练取得进展，比赛日也越来越接近，受伤的影响变得更大，因此虽然有时热身似乎是不必要的，但是如果它可以防止受伤，那么就会决定能否完赛。

整理活动

在训练结束时，特别是中度或高强度训练结束时，身体的新陈代谢速度会增加，肌肉和血液中肯定会有一些乳酸。

尽管运动结束后总会有一些诱惑让你完全停下，但是花几分钟时间慢跑可以在身体系统恢复正常时帮助清除血液中的乳酸，并且可以在第二天减少僵硬或酸痛。由于肌肉已经变得温暖且柔软，因此现在做一些拉伸是提高柔韧性的好时机。

热身和整理活动应被视为训练计划的组成部分，而不是可选的额外部分。

它们能够预防受伤，提高训练成绩以及加快恢复。在两种活动中投入的时间可

艰苦的马拉松比赛或者长距离跑步后拉伸肌肉有助于促进跑后恢复。

以使持续的高质量训练和威胁到训练和比赛的伤病之间产生边际差异。

"整理活动就是让身体稳定地恢复到静息状态，让肌肉有时间清除乳酸，并且平复刚刚结束的跑步中的一些心理反应。"

在不同的天气条件下跑步

在各种天气条件下跑步可以感受不同的挑战和体验。通过应对并利用这些条件来加强训练和比赛是实现马拉松成功的一个重要因素。

大多数大型马拉松比赛都是在春季或秋季举行，避免了夏季和冬季的极端天气条件。然而，这意味着大多数马拉松训练都会在更具挑战性的天气条件下进行，并且在第一部分中，我们基于科学探讨了在冷热天气条件下跑步的差异。现在我们将考虑如何最好地应对不同的天气条件。

春季马拉松赛可能会存在一些问题，因为在冬季寒冷的月份进行训练后，可能遇到的温暖（甚至炎热）条件常常是对生理和心理的双重打击。我在4月份参加了伦敦马拉松赛，比赛当天是当年以来最热的一天，比我之前参加的任何一场比赛都要热得多。这让许多跑步者毫无准备，并且无法应对意外的高温。

马拉松训练需要为这种可能性做好准备，所以重要的是要利用一切机会适应更温暖的条件，科学家称之为"适应"的过程。关注天气预报，并确保比赛前几周在温暖的条件下训练，这有助于适应环境，并为你提供在温暖条件下跑步的感觉。穿着额外的衣服有助于营造温暖的个人"微气候"，即使在寒冷的日子里，也会让身体适应环境。帽子和高领上衣有助于保暖，因为它们限制热量流失到外部环境中。我喜欢将这些运动视为适应跑。即使比赛日的气温比预期要冷，这些适应训练仍然是值得去做的事情，并且需要在马拉松训练的最后4~5周期间每周至少做一

次。因为科学家已经表明，在温暖的条件下训练的效果可以等同于在高海拔条件下的训练。适应跑需要合理的方法，如果穿着额外衣服进行适应训练会产生更多热量，请准备减速或脱衣以避免过热。

尽管最初身体的周边部位如手臂和腿部会感到寒冷，但在寒冷条件下跑步并没有什么挑战。因为，即使在最冷的日子里，随着跑步消耗能量，热量也会很快产

天气变化也不能停止马拉松训练，因此适应并享受不同天气条件是训练的一部分。

生，所以重要的是开始不要穿太多衣服，否则你会很快感觉到热和不舒服（当然，除非你正在进行适应跑）。在非常寒冷的日子里，戴上帽子或手套可以使身体保持热量，但是我发现在几英里之后这些都不是必须的，这时体温会上升并且血流量会增加。在极端条件下，当地面积雪或结冰时，安全和避免伤害是主要优先事项，这也是尝试进入当地健身房寻找跑步机的时候。

潮湿的天气比运动本身更容易成为心理上的挑战。下雨路面潮湿时，大家都不愿意出门。前几步总是最难的，一旦你出汗并且已经产生体热，状况就会有所改善。注意不要穿易吸湿的衣服，因为这会增加重量并且不舒服，还可能导致擦伤。

如果可能的话，避免让脚踏入水坑，因为这很容易引起溃疡和水疱。

为备战秋季马拉松比赛而进行的夏季训练有可以利用的更长的白天时间，并有机会围绕不同天气条件进行训练。在真正炎热的日子里，应避免长时间奔跑和过度劳累，最好进行时间更短的间歇性运动，可以在较凉爽的早上或晚上进行较长时间的跑步。正如前文所述，养成在训练前后称重的习惯，体重下降1千克需补充1升（1.75品脱）液体。

在不同的天气条件下跑步增加了多样性，并且可以使你感受同一条路线的不同风景。采取合理的预防措施并根据条件调整训练意味着变化的天气应该有利于而不是阻碍你的马拉松训练和比赛。

交叉训练

马拉松是一项跑步运动，但有时候通过其他运动或交叉训练也可以提高成绩。了解何时以及如何使用交叉训练对所有马拉松选手都很重要。

在马拉松训练过程中的某个时刻，某些事情几乎肯定会出错，从而打乱训练计划，最常见的是生病或受伤。首先要记住的是不要恐慌——有些方法可以减少损失，并且仍然可以确保你成功跑完26.2英里。

在第一部分的第48页中，特别强调了马拉松训练计划的重要性，当然这意味着跑步必须是第一选项。但如果受伤，并且不能再跑步，请记住你并没有失去一切。我喜欢将马拉松训练视为身体两个不同领域的发展。第一个是"中枢"心血管系统，包括肺、心脏和氧气运输系统。第二种是涉及跑步的物理方法和能量产生的"外周"系统，包括肌肉、肌腱和韧带。

"理想情况下，将交叉训练作为跑步的替代方法应该被视为短期措施，这有利于伤病的恢复，如果伤势允许，这是一个可以进行休息的较好的替代方案。"

虽然跑步可以使二者得到增强，但是"外周"系统只会有效地满足跑步的特定需求。其他形式的活动将为心血管系统带来挑战，尽管它们不会对跑步所需的身体的解剖学部位产生相同的特定影响。

交叉训练包括一系列的活动，当然如果你受伤了，则只能完成某些简单的练习。骑自行车和游泳可以消除跑步造成的许多压力和冲击力，并且它们不会使跑步所需的身体的特定"外周"部位超负荷，

受伤时可以采用不同类型的运动进行训练，这样可以增加训练计划的多样性。

它们也将有助于保持"中枢"心血管系统的健康。理想情况下，将交叉训练作为跑步的替代方法应该被视为短期措施，这有利于伤病的恢复，如果伤势允许，这是一个可以进行休息的较好的替代方案，并且一旦伤病痊愈，训练就应该得到有效恢复。

将交叉训练纳入马拉松的训练计划是可行的，这可以帮助增加训练的多样性和恢复的机会，或者可以将其用作常规训练的一部分来增强核心力量和稳定性。虽然

对大多数非职业运动员来说时间很短，但是当用于一般情况时，交叉训练可以帮助增强力量并减少受伤风险，但是跑步仍然是马拉松训练的核心组成部分。谨慎选择交叉训练的类型也很重要。随着你的马拉松训练的进步以及身体的逐渐适应，将可以在一条直线上反复跑。

不同的运动（如壁球、网球甚至足球）可以增加多样性，但是这些运动包括扭动、转向和短时间的高强度爆发，这是马拉松选手受伤的前兆。多年来我听到了太多关于跑步者参加了其无法应对的运动或体育项目后受伤而不能继续训练的故事。马拉松训练计划的焦点仍然必须是跑步。交叉训练可以为训练增加一些变化，但应注意确保这些活动不会对身体产生不必要或异常的压力。交叉训练确实对受伤的跑步者有作用：能够增强综合力量并预防受伤。它还有助于减少体能下降，特别是在受伤时发生的心血管系统功能的下降。

损伤是一种持续威胁，但可以通过计划和合理的训练方法加以预防。

损伤的预防以及
倾听自己的身体

损伤是马拉松训练计划面临的最大威胁之一。但是可以采取措施降低损伤风险并确保训练持续不受阻碍。

对于所有水平的马拉松运动员来说，损伤是一种职业危害。数英里的训练带来的无情影响偶尔会对身体造成伤害，并最终导致组织或骨骼受损，从而不可避免地对训练造成一些干扰，甚至可能对比赛本身构成威胁。

与大多数疾病一样，预防是最好的选择，而且预防比治疗更容易。跑步者可以采取很多简单步骤来降低受伤的风险。

预康复

跑步者寻求专家的专业医疗帮助越来越普遍，例如物理治疗师，他们可以在训练计划开始时进行一系列简单的筛查测试。与"康复"这个更常见的用于伤后恢

误区：马拉松跑对你有害

观看任何马拉松比赛，你几乎都可以看到有的跑步者在到达终点时步履蹒跚，表情痛苦，并且有时可能会发生流血情况。"马拉松对你来说一定是有害的"是一句经常被权威专家提及的话，但是这些人只是坐在电视机前，拿着遥控器品头论足。

当然，马拉松跑步是艰难的，但通常与完成比赛相关的任何痛苦和不适都只是暂时的，并且这些痛苦和不适会被完成比赛的愉悦感驱散得一干二净。偶尔会出现更具悲剧性的后果，跑步者因为过于用力而死亡。令人遗憾的是，这是不可避免的，在某些方面，当大型赛事吸引了成千上万个人在几个小时内挥洒自己的汗水时，出现这种情况并不意外。

马拉松的死亡事件往往有其潜在原因，死亡由跑步触发，而跑步并不是根本原因。对绝大多数人来说，马拉松训练和比赛带来的健康益处远大于风险，而且每年都有数千人因马拉松而更健康，甚至更长寿。

也就是说，跑步数英里肯定会对身体（尤其是小腿和膝盖）产生压力，这就是为什么合理的而不是强迫性的训练很重要，加上合适的鞋类和营养，可以减少受伤和长期磨损的风险。另一方面，马拉松训练以比任何药物更好的方式增加肌肉力量，提升骨骼和心血管健康水平。虽然总会有例外，但绝大多数马拉松训练对人体是有益而无害的。

复的术语相反，"预康复"表示可能增加受伤风险的任何弱点或不平衡，并且应该包括补救练习以减少受伤风险。

鞋

显而易见，穿着合适且舒适的跑鞋可以提供缓冲和支撑，穿适合自己跑步姿势的鞋至关重要。去专业跑步商店寻求专家建议，了解哪类鞋最能满足你的需求。

里程

过量或太快地运动可能是马拉松选手受伤的最常见原因之一。训练计划开始时受伤的风险很高，盲目热情和缺乏跑步经验使肌肉、肌腱、骨骼和韧带进行未曾完成过的动作，这会很快导致训练质量下降和受伤。如果跑步者以较快的速度提高训练量和训练强度的话，也可能在训练过程中受伤。

训练会对组织造成轻微伤害，只有在它们修复和再生后身体才会变得更强壮。如果没有足够的时间恢复，那么只会导致逐渐崩溃而不是持续改善，并且损伤很快就会发生。

营养

高碳水化合物饮食可以用来维持身体正常的能量储备，配合大量新鲜水果、蔬菜和各种营养素可以抵抗疲劳并提高免疫力。与可能导致疲劳和协调能力缺失的能量匮乏的状态相比，在能量足够时进行正常跑步不太可能发生伤病。

睡觉

在我们睡觉的时候，身体会自我修复并对训练作出反应。应养成良好的睡眠习惯，即使睡觉时间要早于你习惯的时间——这意味着你需要有效地进行时间管理，因为在你的生活中增加"跑步时间"将不可避免地给你的一天带来更大的压力。挤压一切时间用于休息，抵制一切让你错过睡眠的诱惑。

倾听自己的身体

随着马拉松训练的逐步进行，你将不可避免地感到酸胀和疼痛。这是正常的，并且这表明你的身体正在发生改变以适应长跑。但是有时候这些疼痛会比正常情况更严重，或者集中在解剖学上的特定部位，比如小腿肌肉或跟腱。这是一个你不能也不应该忽视的警告信号。出现伤病时暂停几天训练，比疼痛状态下咬牙坚持训练要好得多，因为这样可能会产生慢性损伤，那时你将面临的是错过几周训练而不是几天。如果你受伤了，请尽早咨询医生或物理治疗师等专家的意见，并准备好休息并避免伤病加重。

大多数参加马拉松比赛的选手都会选择自始至终完成比赛，因此应对严格的训练至关重要。

误区：心率监测必不可少

30年前，在跑步时精确测量心率的唯一方法是在实验室中进行，电缆连接到身体的各个部位，并与大型心率监测仪相连。实用性问题使得在其他地方测量和监测心率变得麻烦和不可能。

多年来，随着技术的进步，监测跑步者心率的设备从最初像大手表一样演变为更小的单元。这种小设备不仅能够提供实时反馈，而且还能够存储数据并进行回顾性分析。因此，科学家和教练为马拉松跑步推荐心率训练区已成为司空见惯的事情，许多人都在寻求将他们的训练建立在科学而不是主观的基础上。

然而，心率数据会随着年龄、气候以及监测对象的改变而发生不可思议的变化。执着于某个特定的心率区可能会使跑步更好，但也可能导致混乱。对于大多数跑步者来说，最好的建议是仅将心率数据作为指导。它有助于感受训练的强度，但不应该仅以它作为参考。请记住，成千上万没有使用心率监测技术的人已经成功地完成马拉松比赛。它们起着锦上添花的作用，但不应该是马拉松运动员装备包中的重要组成部分。

设定目标

你能跑多快？这是所有马拉松选手都要问的问题，但你如何确保你在比赛当天的目标是现实的和可实现的？

随着比赛日的临近，现在是时候为即将到来的马拉松赛事设定一个目标了。目标必须是现实的，并且要基于马拉松备战期间的成绩。当然，任何马拉松选手的主要目标应该是跑完26.2英里的距离。但多年来，我在马拉松比赛前的几天与数百名选手交谈过，几乎所有人心里都有一个目标时间。然而，令人惊讶的是，这些跑步者鲜有制定策略来实现他们的目标，甚至很少有人清楚要实现目标需要以什么样的步幅比赛。

很简单，这根本行不通：一旦你确定了一个现实的目标时间，那么重要的是你要清楚这个时间如何转化为跑步速度。

随着训练的进步，你的身体会适应和改善，重要的是应该基于这种生理变化设定比赛日的目标。同时，设定可实现的目标至关重要，为此，你必须清楚自己在训练中跑步的距离和步幅。

计算训练中的跑步速度是非常简单的，只需用跑步里程除以跑步时间即可。但是，只有在训练中的跑步里程足够长的

情况下，才可以用训练速度推算完成马拉松比赛所用的时间。举个例子，如果你能以8分钟/英里的跑步速度跑完10英里，但跑完会感到疲倦，那么你以这种速度，甚至更快的速度跑完26.2英里的可能性不大。但是，如果在训练中可以用相同的速度跑完20英里以上，那么在马拉松比赛中的速度不会比这个慢太多。

"一个常用的方法是将跑完半程马拉松的时间乘以2，然后加上15～20分钟来预测跑完全程马拉松的时间，这样的话长距离跑的速度下降幅度不会超过1分钟/英里。"

为了更好地了解训练进展情况，并为比赛日的表现提供更有价值的指标，我总是建议跑步者至少参加2次有组织的长距离比赛作为马拉松训练的一部分。当大型赛事即将到来时，许多比赛组织者将通过在马拉松比赛之前几周组织短距离比赛而积累经验，其中最常见的是组织半程马拉松和20英里跑比赛。参加马拉松赛前的比赛有很多好处。首先，跑步者可以习惯与其他人一起跑步并感受比赛日的气氛，这对于第一次跑马拉松的跑步者来说可能是一种心理负担。其次，这是一起完成长距离训练的好方法，因为这种赛事通常会设置水站，有助于进行赛前准备。最后，它们有助于预测比赛日目标以及跑完26.2英里需要的时间。一个常用的方法是将跑完半程马拉松的时间乘以2，然后加上15～20分钟来预测跑完全程马拉松的时间，这样的话长距离跑的速度下降幅度不会超过1分钟/英里。

1997年，一位工程师，皮特·里格尔，应用了一个数学公式预测跑完马拉松的时间，它可以用来计算比赛日的目标时间：

$$跑完马拉松的时间 = TD \times (26.2 / D)^{1.06}$$

其中D是训练的里程/比赛的里程

TD是训练的时间/比赛的时间（分钟）

当然这并没有考虑到训练状态、经验或所有重要的步调，所有这些都会影响最后成绩。然而，它确实提供了一个可以为比赛日设定一个现实目标的指南，可以用它计算合理的速度策略。为了实现这一目标，比赛日的目标设定和速度设定是比赛日准备的重要部分，除非正确完成，否则可能会使数周和数月的训练化作泡影。

基于现实和个人能力而非雄心壮志设定目标会增加成功的可能性并能够使你充分享受比赛。

应对疾病

每个人都会生病，在训练时处理疾病是很常见的。学习如何应对易处理且不严重的疾病对于所有马拉松选手来说都非常重要。

就像马拉松选手的损伤是一种职业危害一样，疾病也是如此。毕竟，6个月的训练期间不可能不发生疾病，哪怕是轻微的疾病，所以对于马拉松选手而言在训练期间保持完全健康或不生病是不可能的。事实上，甚至有证据表明，在马拉松选手中发生某些疾病的风险更大，因为与数英里训练有关的剧烈运动可能会对身体的免疫系统产生影响，使其不能抵抗感染，尤其是经过长时间的跑步或密集训练后。

就像损伤一样，重要的是要倾听自己的身体，如果你感觉不适或者认为有生病的感觉，就不要再坚持训练。我看到过选手们决定在生病的情况下训练，这样做会让事情变得更糟。休息几天能使身体的免疫系统得以恢复，以防止发生更严重的疾病。

了解何时需要暂停训练有助于确保病情不会加重。当出现体温升高、呕吐或胃部不适等症状时，应该立即停止训练。体温升高是一个表示情况变遭的明显信号，这表明可能是细菌或病毒感染，继续训练有可能造成更大的伤害。

感冒和肺部疾病也很常见，尤其是在冬季训练的情况下。一项关于马拉松运动员的研究结果表明，长时间跑步后上

虽然许多情况下都可以完成训练和比赛，但是如果出现某些疾病，你将不可避免地需要放弃马拉松比赛。

如果出现疾病，关于是否还能够训练和比赛，听取医生的建议是明智的。

呼吸道感染的风险增加，几乎可以肯定的原因是免疫系统在跑步24小时后受到暂时抑制。应对这种疾病的一般指导原则是，如果感冒仍然局限于头部（鼻塞和鼻窦堵塞），那么继续训练就可以了。但是，如果它延伸到肺部，出现咳嗽和痰，这时应该停下来休息。请记住，跑步期间肺部每分钟会有大量空气进出，这增加了将更多细菌或病毒带入体内的可能性。让肺有机会恢复是最好的选择，但如果症状持续1周至10天，那么应该及时就医。

与损伤一样，如果发生疾病，不必过于担心，疾病只会对训练计划造成轻微干扰。然而，在马拉松比赛之前的几周甚至几天的关键时刻生病，情况会更为严重。如果马拉松会使疾病变得更糟，那么选手应该认真考虑退出。许多重大比赛允许将参赛资格延迟到第二年，即使是在比赛前24小时退出。但是，如果损伤或疾病是短期的，并且对训练的影响较小，那么仍然可以选择参加比赛，只要你确信自己没有问题并且足够好就可以完成比赛。这意味着你要下调自己的时间目标，并且接受最终成绩可能达不到生病前的预期目标的情况。但如果你的目标只是完成比赛，或者只是实现一个人生目标，或者是为慈善筹集资金，并且在比赛日采取合理和缓慢的策略，那么你是可以参加比赛的。

过度训练

对于马拉松训练而言，超负荷和过度训练仅一线之差。如果要避免或克服过度训练，预防和应对是关键。

很容易将过度训练与疲倦相混淆。然而，很少有马拉松运动员不产生训练导致的疲倦，而过度训练则是在身体未能从艰苦的训练中适当恢复时发生。除非采取预防措施，否则多达10%的正在备战马拉松比赛的跑步者会发生过度训练。

过度训练的一个可能原因是跑步会产生与药物具有相同效果的容易上瘾的天然内啡肽。身体渴望运动，而在马拉松训练中，"训练量越大越好"的思想占据上风。但是当恢复时间有限时，很快就会出现过度训练的症状。

过量训练的危害大于训练不足。给自己太大压力容易引起伤病。

"如果是过度训练，即使在不跑步时，也会出现疲劳感，有时这种现象会出现在早晨。其他症状包括食欲不振、损伤发生率增加、睡眠模式差、嗜睡和丧失跑步热情。"

正如我们所看到的，如果身体要适应和提高，超负荷是必不可少的，但这种适应发生在训练计划中的恢复期。如果平衡被打破，超负荷运动过多而恢复时间太少，那么训练将变得更加困难。跑步者的成绩非但没有提高，反而出现稳步且无法解释地下降，并且在两次训练之间不能完全康复。

就像生病和损伤一样，还需要了解一些警告信号。最明显的是成绩下降，许多跑步者会通过更难的训练和更少的恢复来尝试纠正这种下降，但这只会让事情变得更糟。如果是过度训练，即使在不跑步时，也会出现疲劳感，有时这种现象会出现在早晨。其他症状包括食欲不振、损伤发生率增加、睡眠模式差、嗜睡和丧失跑步热情。情绪变化很常见，经常出现烦躁不安，甚至轻度抑郁，还可能出现需要很长时间才能恢复的肌肉疼痛，以及轻微疾

以正确的速度和频率跑步，而非跟随其他人的节奏是避免过度训练的方法之一。

病（如感冒和感染等）的发生率高于正常水平。

预防当然要好于治疗，这就是为什么一个好的训练计划中会同时描述高强度和低强度运动中间穿插着的合理恢复期。应该打消任何进行计划外训练或者身体能够应对更多训练的念头。保持健康的饮食习惯也是很重要的，大量的碳水化合物和营养素对恢复过程和免疫系统有帮助。

监测过度训练的一种简单方法是在每天早上起床时检查静息心率。监测最好在床上躺着进行，记录监测值，并随着时间的推移进行监测。无须担心两天的监测结果之间的差异，但如果监测值在四五天内持续增加，那么这表明你可能无法正常恢复，并需要采取措施。

"同样需要重视的是，导致一个人发生过度训练的跑步量可能对另一个人没有影响，年龄、性别和健身水平的差异都会

影响易感性，所以不要把自己和其他人进行比较。"

最简单也是最有效的做法是减少训练量并增加恢复时间，这也许是进行一些交叉训练使身体进一步恢复的好时机。重要的是要认识到在保证休息和恢复时间充足的前提下，你不需要完全停止训练。只要可以避免发生同样的错误，大约1周后大多数马拉松运动员应该能够恢复正常训练。

同样需要重视的是，导致一个人发生过度训练的跑步量可能对另一个人没有影响，年龄、性别和健身水平的差异都会影响易感性，所以不要把自己和其他人进行比较。最重要的是通过审视自己的身体来预防过度训练的发生，并在症状进展时迅速作出应对。

误区：每年跑马拉松的次数不应该多于2~3次

马拉松训练和比赛的艰巨性可以使人体产生许多积极的反应，并且可以增强应对困难事情的意志品质。正因为如此，大多数跑步者都认为在马拉松之后需要休息一段时间进行恢复。有一种观点认为，每年最多跑2~3次马拉松比赛是最合适的；而对于很多人来说，这是一年一次或者一生一次的挑战。

然而，马拉松训练和比赛过后的一个星期，多数跑步者（尤其是第一次跑马拉松的选手）比以往任何时候都更健康，并且确实实现了"马拉松健身"。

赛后这段时间提供了一个维持身体状态的机会，在未来几周内而不是几个月内，可以再参加另一场马拉松比赛。事实上，随着人们试图进一步超越人类耐力界限，有些人可以连续几天跑完多场马拉松。

希望使自己的身体达到极限的优秀运动员每年仅能够取得2次或最多3次最佳成绩，对于那些希望取得个人最好成绩的马拉松选手来说也是如此。然而，对于只想完成比赛的跑步者来说，如果速度不是很快，更加规律地跑马拉松肯定是可能的。

误区：乳酸导致赛后疼痛

在完成马拉松之后的几天内，跑步者可能会经历一定程度的肌肉酸痛。对于某些人来说，这只不过是轻微的不适，但是对于另外一些人来说，这可能会使人虚弱。这种疼痛是马拉松引起的疲劳的副产品。然而，在大多数情况下，疲劳的原因是液体和/或能量（糖原）的流失。与以较高强度跑步的跑步者不同，这不太可能是由于乳酸的累积而引起的，乳酸是运动强度高时产生能量的副产品。

科学家们发现，按照马拉松运动员的跑步速度，绝大多数是以有氧呼吸的形式提供能量，这种呼吸作用只产生少量乳酸。职业马拉松运动员能够以更高的强度比赛，但即使这样也不太可能使乳酸累积达到短跑的水平。

跑完马拉松后经历的暂时性肌肉酸痛是由于肌肉纤维轻微损伤和肌肉内的炎症，而不是由乳酸引起的。肌肉由数百万根微小的肌丝组成，并且它们像齿轮一样连接在一起，这些齿轮一起工作来控制肌肉运动。每迈一步都会使这些肌丝处于压力之下，甚至会拉断它们，最终导致疼痛和肌肉酸痛。

最后几周和训练量逐渐减少

马拉松比赛之前的最后几周和几天非常重要，这段时间如果出现错误，所有艰苦训练都将付诸东流。但是如果处理正确，那么你就可以为前方26.2英里的比赛做好充分准备。

跑马拉松不像考试，你不能在最后一分钟把所有空都胡乱填满。事实上情况恰恰相反，因为在比赛前的最后2~3周应该是训练强度降低和训练量减少的时候，并且你应该为未来的挑战做好身体和心理上

的双重准备。

最后一次长跑的里程不应该比比赛前2周更短，但这并不一定是你最长的一次。我通常建议最长的训练里程应该是至少20英里，对于第一次参加马拉松的选手而

言，更理想的情况是将长距离拉练时间提前到比赛前3周，但对于那些有更多经验的人来说长距离拉练可以是前2周。在3周内使轻微伤病或肌肉酸痛得以消除，2周虽然可以提高赛前信心，但恢复时间有限。

跑步者可能犯的最大错误是在比赛前2周继续采用高里程策略。这可能会造成损伤和疲劳，并且不可以作为赛前几周和几个月合理训练的替代品。如果你在比赛前3周完成了最长里程，那么紧接着在赛前2周可以进行16~18英里的长里程训练，然后在最后1周缓慢而轻松地跑一段10英里的里程。

"如果你还没有这样做，那么就要在跑步时练习饮水和服用能量胶，同时确认比赛过程中运动饮料或能量胶的品牌，确保自己尝试过并且符合自己的口味。"

现在是感受马拉松速度的好时机，并且利用最后的跑步来思考比赛日的策略，最重要的是，想象自己越过终点线。如果你还没有这样做，那么就要在跑步时练习饮水和服用能量胶，同时确认比赛过程中运动饮料或能量胶的品牌，确保自己尝试过并且符合自己的口味。这也是一个检验

除了休息和恢复，补充能量和水分也是最后几天准备期的重中之重。

比赛日服装的好时机，应该确保所有装备都合适并且没有可能导致擦伤的接缝。

在备战的最后几天内停止跑步并不是一个好主意，但跑步里程不应该超过3~5英里，且应该速度缓慢。准备好应对休克，你的腿可能会感到疲倦和沉重，几乎可以肯定是因为你的肌肉中正在进行糖原储备，这是一个好兆头，不用担心。确保在平地上跑步，以减少扭伤脚踝的可能性，并保持低速，这样产生能量的途径是消耗脂肪，而不是糖原。

减量训练与高糖膳食的结合不但能够使机体的糖原储备恢复，而且还会产生"超量恢复"的效应。

现在是时候关注比赛日的能量补给策略了。碳水化合物是饮食的主要部分。保持适当的水分是很重要的，所以要坚持检查尿液，以确保它是浅黄色的。我通常建议跑步者在比赛前的最后两三天内通过食用碳水化合物零食（如果冻和香蕉等）保持能量储备充足。减量训练与高糖膳食的结合不但能够使机体的糖原储备恢复，而且还会产生"超量恢复"的效应。这是糖原水平高于正常水平时使用的术语，过去通常通过"碳水化合物增补法"得以实现，但是现在我们已经清楚减少训练量并坚持高碳水化合物饮食也可以实现。

最后的几周和几天是微调的时期，应该确保自己可以站在起跑线上，并能够充分利用已经进行了数周和数月的训练成果。休息而不是跑步，这是26.2英里挑战的重中之重。

误区：严禁饮酒

饮酒不利于跑步。脱水、判断力下降和血液中毒素累积使饮酒后跑步变得十分困难，最糟糕的是，根本不能跑步。此外，酒精所含的能量作为跑步者的能量来源几乎为零。每克酒精含有7卡路里的热量，而一瓶酒精含量为13%的酒就含有700卡路里的热量，因此过量摄入会很快导致体重增加。

许多跑步者决定在训练期间从饮食中去掉酒精，这无疑是有益的。但是否必须这样做？答案是否定的，前提是适度摄入酒精，而不是摄入对训练或恢复有负面影响的量。

马拉松训练的本质是能量消耗增加，酒精所产生的能量不足以补充消耗的能量。马拉松训练在精神上和身体上都是艰苦的，所以抽时间放松一下，喝上几杯葡萄酒或啤酒是完全可以接受的。

在马拉松比赛之前的几天，饮酒应该非常谨慎。随着比赛日的临近，许多跑步者会戒酒，当然比赛前一天晚上更是如此。确保身体合理减重并为比赛日做好充分准备是至关重要的；应该尽一切努力以最佳状态站在起跑线上，同时使马拉松训练的所有艰苦工作和努力得到充分发挥。

误区：比赛日前尽可能多吃碳水化合物

毫无疑问，碳水化合物对马拉松成功至关重要。作为糖原储备，它们提供了完成比赛所需的"燃料"，在正常情况下，跑步者肌肉和肝脏中的糖原足以提供1800～2000卡路里的能量。然而，大多数跑步者跑完26.2英里需要3000卡路里的能量，因此在比赛日前可以通过吃额外的碳水化合物来应对能量不足的情况。

但是需要多少额外的碳水化合物？你可以吃太多吗？正常的能量储备为约1800卡路里，能量需求为3000卡路里，身体所需的额外能量约为1200卡路里。

通过合理的跑步速度，其中一部分能量可以来自储备更多能量的脂肪的消耗。假设这大约是总需求量的20%，即600卡路里，那么还需要的能量将减少到只有400卡路里。每克碳水化合物提供4卡路里的热量，所以额外的碳水化合物需求量不会超过100克。例如，这相当于4个中等大小的香蕉或400克（14盎司）熟意大利面。

总之，在马拉松比赛之前吃碳水化合物是必要的，因为糖原储备必须尽可能充分。仔细计算马拉松比赛的能量需求，并了解跑步速度合理时脂肪储备的重要作用，表明即使涉及最重要的碳水化合物，你也可以吃别的好东西！

马拉松训练是艰苦的，但是得到其他人的支持可以让训练更轻松并且可以激励自己进步。

第三部分

马拉松跑步比赛准备

比赛日益临近，生理和心理的双重压力可能对你的情绪产生影响。本节将向你展示如何管理营养、水分和速度等关键因素。此外，还将解释如果出现差错，如何最好地处理危机。

赛前计划

随着比赛日的临近，如果希望事情进展顺利，合理的计划是必不可少的。如果忽略一个关键的计划要素，那么你的所有努力工作都可能受到影响。

我曾经和一位国际教练一起工作，这位教练是"5P"的提出者，即"糟糕的备战会招致糟糕的成绩（poor preparation produces poor performance）"，因此他制订的备战重要比赛的计划是无可挑剔的。马拉松赛也不例外，如果希望在比赛日取得成功，那么为比赛前几天和几小时做好计划是至关重要的。以下是赛前应该考虑和计划的一些事情：

我如何获得我的参赛号码

是通过邮件发送，还是需要我领取？如果需要领取，应该什么时候在哪领取？大多数大型马拉松赛都有赛前准备，跑步者可以在那里领取自己的号码。你应该确

比赛日顺利会使你拥有一次愉快的马拉松之旅。但是如果出现差错，那么比赛日将成为你永远无法忘记的痛。

定什么时候参加，以及如何到达那里。如果可能的话，我建议选手在比赛前一天不要出门，因为在室内展厅周围走动会让人感到疲倦和脱水。

何时何地开始比赛

有些跑步者在距比赛不到24小时时仍不知道马拉松比赛开始的时间或地点。当然，这对于在不熟悉的城市中进行比赛来说确实是一个问题，但重要的是，你必须提前几周，而不是几天，就应该知道比赛开始的时间和地点。

怎样到达起点，什么时候到达起点

仔细规划你的出发路线，并寻找最

佳交通方式。对于大型比赛，道路通常在开始时进行管制，但如果你打算乘火车前往，请检查火车时间，甚至火车线路是否仍在运营。马拉松比赛通常在星期天举行，有些线路会临时停运。我通常建议跑步者至少提前一个半小时到达起点，这样可以在出现问题时留出一些应对时间，同时可以有充分的时间整理衣服并排队上厕所！

如何在终点处取自己的衣服

一些马拉松比赛的起点和终点在同一个地方，而一些比赛的终点距起点较远。如有必要，比赛组织者会将行李从起点转运至终点，因此你必须提前了解转运的详细情况，以及可能对行李尺寸和类型的限制。

随后我会在哪里遇到家人和朋友

许多比赛设有可以与朋友和家人见面的区域，但如果没有，你需要找到预先安排好的会面点。尽管使用手机很方便，但是由于参与这种大型赛事的选手过多，人群过于密集，网络超负荷可能导致手机信号不好。

穿什么

这可能是你最重要的赛前计划。你应该提前几周而不是比赛当天决定穿什么衣服和什么鞋。然后，你可以在训练时适应比赛时要穿的衣服，这样在比赛当天就不会有令人讨厌的"惊喜"。在生活的其他场景，时尚会引人注目，但马拉松服装则只关乎舒适性和功能性。

补充能量的时间

最后几天是补充能量的关键时刻，所以请将碳水化合物作为饮食的主要部分并保持适当的水分。不要暴饮暴食，并坚持食用已经习惯的食物和饮料。

关注天气

你不能控制比赛日的天气，但是可以合理应对。有一些简单的措施可以纳入你的最终准备工作，以便你可以为所有天气条件做好准备。

你可以控制自己的训练，并累积跑马拉松所需的里程。你可以对比赛日进行精心规划，逐渐减少训练量，吃正确的食物，并制订完美的比赛日目标时间和策略。但是，你无能为力的最大变数就是可能会将最好的计划和准备打乱的天气。话虽如此，仍然有方法可以减少天气对你的表现的影响，并确保你已经准备好适应每一种天气。

正如我们在第96页所讨论的那样，大多数马拉松比赛都是在春季或秋季举行。这两个季节的天气可能有很大变数，有可能是酷热到湿冷的任何一种情况。另一个问题是，在马拉松比赛期间，天气条件可能会发生显著变化，比赛开始时的天气与比赛结束时往往有很大不同。与保持体温的挑战相比，在寒冷和潮湿的环境中跑步更困难，并且针对这种环绕的训练很少。但是，当天气炎热潮湿时，散热效率降低，脱水速度加快，跑步将变得困难，并且会存在过热或高热的风险。正如我们前面所讨论的，在比赛日之前，尽量在温暖的日子里（或者一天中最热的时候）训练。这可以使身体适应热的环境，并且可以防止炎热天气出现"心理冲击"，尤其是当比赛日是一年以来最热的一天时。在春季举行马拉松时，这种情况并不罕见。

关注比赛当天的天气预报很重要，并应该了解整个比赛过程中天气的动态变化。除了温度，还要了解是否会下雨，注意风的情况，因为这些会对你的感觉产生巨大的影响。

在比赛当天早上，请多穿些衣服，并随身携带额外的衣服。这些衣服最初会让你在一天较早和较冷的时间保持温暖，且可以在比赛开始前脱掉，甚至可以在比赛开始的早期阶段体温升高时脱掉。

由于天气一开始处于最冷的状态，

合理的准备包括查看天气情况以便能够穿着合适的比赛服装并进行充分的心理准备。

因此很容易穿得过多，随着比赛的开展而过于温暖。脱掉多余的衣服，或在早期阶段短暂忍受一下寒冷，比穿得过多和变得更热更可取。在比赛前如果下雨，尽量保持干燥，使用雨衣还是套一个塑料袋都可以。一旦比赛开始，最好接受潮湿是不可避免的这一事实，并且如果可能的话，使衣服保持最低限度的潮湿，从而使那些衣服既不重又不会造成擦伤。

如果比赛当天天气温暖而且阳光明媚，请记住，在阳光下跑上好几个小时的马拉松也存在风险，即晒伤，而且这种风险对跑步者来说最容易被忽视。使用防晒系数高的防晒霜是一种非常重要的预防措施，对于那些缺少头发保护的人来说，可以考虑重量轻的防护帽。

应对多变的天气是马拉松跑步不可或缺的一部分，并且如果成功做到这一点，可以确保所有艰难的里程和准备工作有可能创造出最佳成绩。无论比赛当日天气如何，只要在比赛之前针对不同天气进行训练，在比赛日采取合理的策略，就可以大大提高成功的机会。

比赛前几小时

随着比赛日的临近，发令枪响前的最后几个小时的准备工作包括站到起跑线上之前的一些基本的思路和计划。

经过几个月或几周的训练后，我们终于迎来了比赛日，这时距离比赛开始仅有几个小时时间。比赛会突然占据你的一切思想和行动，从而不可避免地导致紧张和某种程度的压力。了解如何应对比赛前的几个小时，以及如何前往起跑点是马拉松比赛准备的最后一部分。

装包是一项在比赛前容易控制的项目。最好写出赛前需要准备的物品清单，并勾选每个项目，以避免遗忘关键物品。我的基本清单中总是包括以下内容：

- 装备包
- 比赛号码
- 安全别针
- 跑步鞋
- 背心或T恤，短裤或跑步裤和袜子
- 凡士林
- 钱和电话
- 备用T恤/塑料袋
- 完赛后穿的服装
- 食物和饮料

这些物品应该在比赛前夜睡觉前准备好。没有什么比比赛日早上因为一件重要的物品被遗忘或找不到而更令人抓狂的了。备用的T恤或塑料袋是比赛开始时保持温暖的最佳选择，但是比赛开始后应该脱掉。

跑步者经常在马拉松之前入住酒店，在这种情况下，酒店的食物可能与他们习惯的不同。这时应该注意饮食安全，而不

合理的计划和备战是成功完成比赛的重要条件。

是尝试任何新奇或不同的食物，同时应该确保饮食的主要成分是碳水化合物。理想情况下，应该避免饮酒，或至少应大大限制。酒精具有利尿作用，可以导致脱水，而不是补充水分，我们在第115页概述了酒精的其他负面影响。

"尽管尽早睡觉看起来很合理，但是比赛前夜很少有跑步者能够安然入睡，因此通常会导致睡眠质量不高。如果你发现自己由于担心眼前的比赛而在凌晨3点醒来，不要担心，你并不孤单！"

好消息是，晚上睡个好觉固然完美，

但我从来没有遇到过跑步者在跑马拉松时睡着了！

　　设置闹钟，让自己有时间享用早餐。不必急于前往起跑点，最好留出额外的时间，而不是放弃重要的事情。如果你住在酒店，请核实他们是否准备早餐。

　　走最佳路线前往起点，别忘了带上零食和饮料，记住在你吃早餐和比赛开始之间可能有几个小时，所以保持能量和水分是非常重要的。

　　当你到达起点时，确认厕所在哪。当然也可以去厕所，但要做好排队的准备，

这往往不会是一次良好的体验。仔细关注最后提示，当要求前往起点时，开始穿着一次性外衣，不要忘记使用大量的凡士林对可能产生摩擦或擦伤的身体部位进行润滑。

　　最后，着眼于眼前的比赛，重新审视你的战略，并准备听枪出发。

比赛日的心理学

马拉松运动是在赛跑者中进行的智力游戏。应对神经反应以及处理跑26.2英里的精神需求是比赛日的重要内容。

不言而喻，参加马拉松比赛是一项巨大的体能挑战，但完成比赛所需的精神方法可能同样重要。在比赛开始之前甚至是站在起跑线上之前，面对艰巨的跑步任务选手很容易产生挫败感。如果希望完成比赛，那么应对神经紧张和焦虑这一比赛日的重要一环至关重要。

比赛当天早上醒来时，即使是经验最丰富的马拉松选手也会感到一定程度的忧虑。对于新手来说，这种感觉会被放大，如果放任不管，很容易干扰比赛日的策略和表现。在这个阶段，所有跑步者能够也应该做的最重要的事情就是关注积极的一面：你已经完成了训练，你已经吃了正确

的食物，并且你有一个合理的目标和正确策略。

"比赛的前半程保持积极至关重要。不要被剩余的里程吓倒，并且每隔1英里提醒一下自己。专注于自己的最终目标，而不是眼前的事情……"

你能应对天气，并且你清楚比赛过程中的跑步速度。对这些想法保持完全专注，不要让任何负面思绪进入你的脑海。思考"我在这里做什么""今天会比以前跑得更远"以及"其他人看起来比我强"，陷入这样的陷阱是很常见的。站在起跑线上，除了坚持比下去已经没有其他选择，

选手很容易被比赛当天的兴奋冲昏头脑，从而使你忘记一些重要事项，例如你的比赛号码。

许多其他跑步者也在以同样的方式思考和感受。

将精力集中在即将开始的比赛中，当发令枪响的时候，避免出发过快引起的错误，这些错误在紧张时很容易发生。在有许多跑步者一同参赛的大规模比赛中，第一英里十分拥挤并且比赛中速度很慢的情况并不罕见。这当然不是焦虑的时候，因为开始损失的时间可以通过后面更多的里程弥补。

比赛的前半程保持积极至关重要。不要被剩余的里程吓倒，并且每隔1英里提醒一下自己。专注于自己的最终目标，而不是眼前的事情，并在心里始终提醒自己最重要的是"不要竞争，只要完赛"。起初，我倾向于发现，随着跑步里程越来越长，选手的跑步积极性会得到提高，也就是选手感觉相对放松和舒适的同时也对自己跑过的里程感到满意。我尝试过的一个心理学的小窍门取得了一些成功，这就是比赛开始后在精神上重新设置剩下的里程。只要能够让自己意识到我的剩余里程已经不是一个完整马拉松了就可以提升精神力量，甚至可以在跑完第一英里前就重新设置里程。如果你最长的训练跑了20～22英里，一旦跑完4英里，重新设置里程也可以让你的信心大大提升。

在马拉松比赛中，选手对剩余里程的关注通常会多于已跑完的里程。这种想法通常与疲劳同时出现，并且在16～18英里处比较常见。突然之间，剩下的8～10英里似乎是一段非常长的路。这是深入挖掘并消除所有负面想法的时候。把完赛放在首位并集中精力完成每个1英里。忘记它是第19英里还是第23英里，只需完成每一英里，然后为下一英里奋斗。跑完每一英里，直到第26英里，最后顺利冲线。

比赛日的营养

知道在比赛日应该吃什么、不应该吃什么是很重要的。了解比赛前和比赛期间吃什么和什么时候吃是成功的关键因素。

跑步者不能仅依靠比赛当天的饮食获得跑完马拉松的能量，这些能量必须来自平日的饮食。在比赛之前吃一些适合自己的东西，补充能量储备，并且在发令枪响前留足时间消化胃中的食物。一旦比赛开始，可以根据个人喜好补充食物，不过流向胃和肠道的血液减少使得固体食物难以消化。

比赛日最主要的营养来源是早餐。我一直建议在早餐和比赛开始之间预留2~3小时，以便食用的食物可以得到消化。吃训练时常吃的食物是很重要的。碳水化合物食品当然是最好的，如吐司、面包、蜂蜜、果酱、麦片和粥是常见的马拉松赛前选择。

应避免食用脂肪和蛋白质含量高的食物，尤其是培根、香肠和煎鸡蛋等。消化这些食物所需的时间较长，并且它们为跑26.2英里提供的能量有限。虽然可能要过很长时间才能吃下一顿饭，但仍然要避免吃得过饱，过多的食物需要很长时间来消化，并且一旦比赛开始会引起胃部不适。

我遇到了许多跑步者因为神经过敏或进食后会产生恶心而不吃早餐。虽然这不是最佳选择，但也不是一场灾难，并且只要在比赛前的日子里的营养策略是正确的，他们仍然可以拥有较高水平的肌糖原储备。

比赛日的营养必须是能量补给策略的最终部分，但不是主要部分。

比赛期间的营养有助于补充消耗的能量。

作为固体食物的替代品，我通常会推荐诸如酸奶或果汁等清淡的食物，但是如果选手不喜欢这些食物，完全可以遵从自己的喜好，而不是执拗地执行完美的方案，最终却没有获得完美的结局！

早餐和比赛开始之间可能会有相当长的一段时间。我通常建议跑步者将一些赛前常吃的小吃带到起跑线。香蕉是常见的，特别定制的运动能量棒也是常见的，比赛迫近时不适合吃含糖量很高的食物，因为在比赛早期可能会导致胰岛素水平升高，从而增加糖原的消耗速度。

比赛期间的营养来源依然应该仅局限于你所熟悉并曾尝试过的食物。有些跑步者会随身携带能量食物，而许多比赛则以能量胶的形式提供补给。

在比赛中使用能量胶的前提是你在以前的训练中使用过它们。否则使用时可能当时感觉良好，但在几英里之后被证明是一个严重的错误。同样，比赛中观众提供的小零食往往很诱人，尽管观众是出于好意，但选手应该不惜一切代价避免食用。因为它们可能是你之前从未吃过的食物，而且更为严重的是，提供这些食物的手很可能在几分钟之前已经和其他选手亲密接触了。在这个阶段，将风险控制到最低是关键，谁都不想在比赛过程中发生胃部不适。

总而言之，比赛日的营养遵循基本的科学原则是很重要的，应避免出现可能影响成绩的错误，但最终要由每位选手做出对自己最有利的选择。

比赛过程中大量流汗时补充流失的体液有助
于缓解脱水引起的疲劳。

比赛日的补水

　　无论天气如何，补水对马拉松运动员都很重要，整个比赛中合理的补水策略可以对抗
脱水引起的虚弱作用。

　　不管天气如何，比赛日的补水都是至
关重要的，因为无论处于什么环境中，跑
步者都会出汗并丢失液体。但如果天气炎
热潮湿，出汗量会很大，补水就是影响表
现的最重要因素之一。

　　在马拉松比赛前的晚上，睡前喝一
杯水是个好主意。夜间醒来的任何时刻都
可以补充一些液体。起床后，作为马拉松
早餐的一部分，重要的是补充大约500毫
升（17液体盎司）的液体。与营养一样，
个人偏好也很重要；一些跑步者更喜欢咖
啡或茶，其他人则喜欢果汁、水或等渗饮
料。咖啡中的咖啡因可以提高神经兴奋
性，在比赛开始时可能有帮助，但效果也
会在完赛之前很久就消失！同样要警惕咖
啡因的利尿作用，因为它可以诱导产生大
量尿液！

　　在起跑线上补充液体也很明智，但在
这个阶段，不要过度补水也是很重要的。
尿液浅黄说明身体并不缺水，因此并不需
要不断地喝水来补充液体。当然，问题是
喝得越多，排尿就越多，这是很多跑步者
（以及比赛路线上邻近花园的主人）在比
赛早期阶段面临的一个常见问题。最好尝
试在比赛开始前至少1小时达到完全补水状
态，之后避免大量饮水。如果确实需要补
水，那么补充少量即可。应该给膀胱充盈
和排空的时间，并减少在比赛早期上厕所
的可能性。虽然饮水是补水的手段之一，
但等渗饮料可以快速吸收并且可以进行液
体和能量的最终补充。

　　正如第28～29页所述，高出汗率可

能导致马拉松选手快速脱水，所以尽早在饮水站补充水分很重要，尤其是在炎热的日子。大多数马拉松赛都为跑步者提供固定的饮水站，在大型赛事中，距起点3～4英里之后的每英里都会有饮水站。等渗饮料补给站的个数较少，间距较长。两者结合将为每个跑步者提供充足的液体补充，但有可能引起称为低钠血症的状况。跑步者喝水太多会显著稀释身体组织液并抑制肌肉和神经的功能。伴随着恶心和疲劳的风险，在极端情况下低钠血症可能是致命的，所以合理补水才是重要的。不要试图喝赛事提供的每种液体，除非饮料站间隔太大并且天气很热。如果每英里都有饮料站的话，那么最多只需要补充一个小水瓶的1/3～1/2就足够了，小口喝比大口喝好。补水太多的跑步者往往跑在最后，他们的速度让自己可以有更多的时间补水，而且

他们的出汗率往往很低。

比赛过程中等渗饮料可以提供水分和能量，并且有助于补充出汗时丢失的电解质。假设训练过程中已经尝试过这个品牌，那么这些等渗饮料是很好且容易吸收的能量补充手段，与能量胶一样，500毫升（17液体盎司）的等渗饮料可以为跑1公里提供足够的能量，当然更小的瓶子装更少的饮料。

大多数跑步者在马拉松比赛期间会出现一定程度的脱水现象，在跑步前和跑步期间通过合理的补水策略有助于消除疲劳，维持出汗和核心体温，并能提高成绩。

比赛当天，只用之前训练中使用过的饮料补水。

应对比赛日

减少在比赛当天可能对成绩产生不利影响的风险和未知数，有助于使马拉松更接近取得成功，而不是出现出乎意料的"惊喜"。

任何体育比赛中，处理比赛当天的情况都是至关重要的，而糟糕的备战和最后一刻的危机很容易使所有的辛勤工作和努力付诸东流。马拉松的比赛日也不例外，无论你的目标是什么，了解该期待什么和如何处理意外，都将帮助你成功完成比赛。

正如已经讨论的那样，起床时间、早餐和到起点的路程是可以控制的，同时可确保你的装备、比赛号码和辅助物品提前准备就绪。但还是存在跑步者难以控制的一些变量，以及一些在比赛中需要处理的事情。例如，根据我的经验，了解和理解比赛路径是很多跑步者容易忽略的。没有人会事先知道26.2英里路线中的每一次转弯，但重要的是要知道上坡和下坡路段的位置，并提前做好心理准备。提前了解饮水站在哪里，有没有淋浴或能量胶站。如果你参加的马拉松比赛在海外进行，请确定里程标记是以英里还是公里为单位。

最大的不可控变量是天气，事先关注天气预报是至关重要的。做好在比赛当天或者比赛途中天气出现变化的准备。并且记住，一般来说，最冷的时间是清晨，也就是选手开始排队的时间；一旦比赛开始，身体就会产生热量，并且随着时间的推移，温度可能会上升。

大型马拉松比赛中选手需要与许多其他参赛者一起排队出发。因此，发令枪响时许多人并没有启动，这一点并不奇怪。到某个时刻，每个人都会开始启动、走路、慢跑，并最终开始真正的跑步，这意味着需要很长时间才能到达起跑线。重要的是不要惊慌！许多赛事会为参赛选手提供个人计时芯片，以便每个人的比赛时间都是在越过起跑线后才开始计算。此外，正如我们已经讨论过的，慢慢开始是有益的，因为它仅使用较少的肌糖原，并且你

应对比赛日不可避免的压力，有助于跑步者集中精力完成比赛。

还有足够多的里程来弥补在开始时浪费的时间。

比赛一旦开始，跑步者将不可避免地试图超过别的参赛者。不要试图模仿他们，应该尝试寻找滑倒或摔伤风险最小的空间。马拉松早期阶段的兴奋通常会导致跑步者与观众频繁互动，这看起来有些无聊，明智的选择是避免做出任何消耗额外能量的举动。现在是时候保持放松，以自己的速度和节奏前进，同时专注于眼前的任务。

随着比赛的展开，不同的景点、声音、地形和天气会对比赛产生影响。家人和朋友可能在预先安排的位置给予精神上的鼓励，但在观众众多的大型比赛中很容易错过他们。此外，在越过终点线之前，请做好独自一人，或者周围仅有几个其他参赛者的准备。当你越过这条线时，你的体重会暂时变轻（主要原因是液体流失），并且会变矮一些，因为与地面的持续冲击会压迫你的脊柱。但是你已经跑完了全程马拉松比赛，并且出色地应付了比赛当天的所有事件，这将是你生命中值得永远铭记的少数时刻之一。

误区：你必须使用能量胶

碳水化合物能量胶是体育营养界的一个新宠，它被设计成装在一个便于携带的小袋中，并且能够在使用后的短时间内提供大量浓缩的碳水化合物。在耐力赛中对它们的使用有所增加，因为可以很方便地将其装在弹力腰带或短裤口袋中携带，并且许多大型马拉松赛事也会提供。

碳水化合物能量胶有各种尺寸，具有介于液体和果冻之间的黏糊糊的质地。大多数含有约30克（11/2盎司）碳水化合物或120千卡能量，这些能量对大多数跑步者来说足以跑1英里。当然，这并不意味着跑步者需要携带26块能量胶以完成马拉松比赛。

除了来自脂肪的能量，人体现有的碳水化合物储备足以支撑跑完20英里，然后才需要从能量胶中获得能量。这意味着，只要在比赛前尝试过，并且接受了良好的训练，使用了合理的速度以及充分准备了赛前营养，那么在马拉松比赛中吃一两块能量胶就足够了。

通过提供能量以及甜味对精神的鼓舞作用，在比赛即将结束时使用能量胶可以收获奇效，并且可以帮助许多马拉松选手克服最后几英里的困难。但它们并不是必不可少的，成千上万的选手在碳水化合物能量胶出现之前就成功完成了马拉松比赛，并且如果没有碳水化合物能量胶，我们也能继续成功完成马拉松比赛。

误区：我需要完美的起跑来取得优异的成绩

有些时候马拉松比赛的起跑更像是一场橄榄球比赛而不是一场耐力跑，尤其是在数以万计的跑步者挤满狭窄街道的大型赛事中。当发令枪响时，那些不在起跑线上或靠近起跑线的人通常根本无法起跑，在几秒钟甚至几分钟后他们才启动。那些被挡住的选手试图超越其他选手，这往往会危及他们自己和周围其他选手在比赛中的前进。

然而，在绝大多数情况下，慢慢起跑并没有什么坏处，实际上甚至可能会给后期阶段带来好处。马拉松赛是耐力赛，不是冲刺赛，而且前面还有好多时间和里程可以用来弥补损失的时间。

此外，慢慢起跑有助于使肌肉燃烧更多的脂肪，从而节省碳水化合物储备，这样在比赛快结束时会留下更多碳水化合物来为你提供能量。大多数比赛的起跑顺序是按照选手上一次马拉松的成绩排列的。遵守这些规则非常重要，因为它可以防止速度较慢的跑步者阻挡更快速跑步者的路线，并且可以减少你与节奏过快的选手一起跑步的机会。

因此，如果你的前几英里比计划慢，那么也要保持放松并且不要惊慌，留下足够的余量以便最终完赛。

起跑是令人兴奋且充满危机的时刻，确保安全合理地起跑是重中之重。

比赛日的策略

无论你多么强壮，也无论你能跑得多快，马拉松比赛都会让你感到疲惫。然而，本书将为你提供帮助，应对26.2英里比赛的策略是管理马拉松疲劳的最佳方式之一。

站在起跑线上之前，为自己确立一个符合实际的目标时间，并制订一个实现该目标时间所需跑步速度的策略，这是马拉松成功最重要的组成部分之一。然而，在整个比赛中遵守战术纪律是一个挑战，但这样做可以使马拉松更加容易完成。

如果你身边的其他选手以比自己快的速度跑步，遵守战术纪律是不容易的，所

比赛当天合理的策略包括确立一个符合实际的目标时间，并制订一个实现该目标时间所需跑步速度的策略。

误区：鼻条可以帮助我呼吸

最初设计用于治疗打鼾的塑料小条现在已成为许多跑步者常用的装备。从下鼻孔的一侧延伸到另一侧并粘到两个鼻孔的外侧，将鼻孔拉开，扩大其直径，从而在理论上使空气可以更轻松地进入鼻子，从而可以有更多的空气进入肺。

但是，一旦开始跑步，鼻条的好处可以忽略不计。人体可以通过两条途径将空气吸入肺部，即通过口（口呼吸）或通过鼻（鼻呼吸）。两者也可以同时使用，这一过程被称为"口鼻呼吸"。

鼻呼吸可以在空气进入肺部之前对其进行过滤和加温，这是口呼吸无法做到的。然而，科学研究表明，当我们从静息转向运动时，对空气的需求迅速增加，使用鼻条会增加鼻腔的阻力，并且无法（甚至不可能）获得所需的鼻腔容积。因此，为了吸入更多的空气，我们下意识地选择用口呼吸，这是马拉松跑步时最常见和最有效的呼吸方法，即使戴着鼻条也是如此。

鼻条可以增加跑步者在使用口呼吸之前使用口鼻呼吸的时间。但是对于马拉松选手来说，不管戴不戴鼻条，鼻呼吸不太可能是最优的呼吸方法。

以，如果选手按照能力和预计的完成时间开始排队，那么选择正确的位置并且与跑步速度和目标时间相近的选手一同起跑是很重要的。

在起跑的拥堵之后，前几英里是适合调整跑步速度的距离。通常之前可能需要跑3~4英里，当道路通畅的时候，就是你的身体放松，减少能量消耗的时候，并且当到达第一个水站时，可以开始补充已经丢失的液体。大多数跑步者在跑步时偶尔会感到疼痛和痛苦，即使是马拉松的前几英里也不例外。选手很容易对这些疼痛产生过分忧虑和恐慌，但在绝大多数情况下，它们与训练时发生的那些没有什么不同，并且随着比赛的进行很快就会被忘记。有意识地努力放松手臂和肩膀，以轻松的方式呼吸，通过观众的鼓励来激励自己，这些都有助于通过最少的付出获得最大程度的放松。

"虽然在数学上半程马拉松是13.1英里，但大多数有经验的跑步者会说，就所需要耗费的体力而言，后半程应该始于16~18英里。"

你应该尽可能地以赛前设立的速度和预期时间并尽可能轻松地跑完半程。虽然在数学上半程马拉松是13.1英里，但大多数有经验的跑步者会说，就所需要耗费的体力而言，后半程应该始于16~18英里。因此，根据我的经验，13~18英里这段距离是非常重要的。其标志着比赛从中点到后期的过渡。保持正常速度、控制疲劳症状、保持精神集中和积极的心态，都将有助于在比赛的最后阶段使你的生理和心理都处于更好的状态。当然，持续的摩擦会不可避免地引起擦伤，并且脚踝可能会出现水疱或者趾甲可能脱落，这些都是可以忽略的东西，并且可以在比赛结束后进行处理。

当到达20英里时，脱水和肌糖原储备耗尽肯定会导致疲劳，每一步都会变得更加困难。通过使用赛事提供的液体和能量胶有助于改善这种情况，并且可以更轻松地应对最后几英里。在心理上，这是一个应该专注已经跑完里程而非剩余里程的时刻。

"如果所有事情都按照计划进行，并且使用了合理的策略和速度，那么在最后几英里，可以通过关注目标的实现以及冲线在即不能降低速度的心理来应对难以避免的疲劳。"

随着疲劳的增加，简单的策略，例如步幅略微的变化，可能有助于充分动用不同肌肉纤维中的糖原储备。并且即使实际上不需要补充任何东西，也可以简单地尝尝甜味的东西，这可能使能力得到短暂提升。避免疲劳造成的前倾，因为这会让呼吸变得更加困难。将重心保持在高位，保持跑步姿势和速度，胜利的曙光即将到来。通过深入挖掘，你甚至可以在比赛中以最快的速度跑完最后几英里！

误区：岔气意味着停止

很容易忘记的是，在马拉松比赛中，用于支持呼吸的肌肉（呼吸肌）与腿部肌肉有很多共同之处，他们都需要做很多艰苦而持续的工作。跑26.2英里需要完成8000～10 000次呼吸，同时将大约25 000升（44 000品脱）的空气吸入肺部。这意味着可以提升和降低胸腔的呼吸肌要完成大量运动，而膈肌仅仅是"躺"在胸腔下方，这有助于将空气吸入肺部。

所以有时这些肌肉也会因艰苦的马拉松而罢工，这点并不令人惊讶。"岔气"是针对突然无法深呼吸的术语，通常伴随着下肺部和胸腔的收紧和疼痛。

岔气的确切原因尚不明确，可能仅仅是膈肌的疲劳和痉挛，也可能是因为冷空气进入肺部或冷空气进入胃部。岔气的影响通常是相当短暂的，尽管在一段时间内它可能导致跑步者减速甚至停止，但在大多数情况下可以被克服。身体轻轻地向岔气的另一侧弯曲，或者缓慢地呼吸以舒展呼吸肌和膈肌，有助于缓解症状。一旦好转，便可以恢复跑步（重新开始时应慢跑）。与其他任何问题一样，预防胜于治疗。小口喝水而不要豪饮，并且偶尔长时间深呼吸，使呼吸肌放松有助于预防出现问题，但无须停止比赛。

误区：你不能步行并管理好马拉松时间

大多数人稳定步行的速度是每小时3英里，即走完1英里需要20分钟。乘以26.2，这相当于在8小时44分钟完成马拉松。这绝不是快速完成马拉松的时间，在许多主要的马拉松比赛中，这意味着在比赛截止时间之外完成，没有官方成绩，没有奖牌，也没有最重要的完赛者T恤。

但是，只要速度稍微加快一点，就可能对最后的时间产生巨大影响。对于许多人来说，快走的速度是每小时约4英里（即每英里15分钟），而稳定慢跑的速度接近每英里10~11分钟。

因此，包括快跑、慢跑、快走和稳定步行的组合可以快速且相对容易地使平均速度达到每英里15分钟或更少。速度为每英里15分钟时，可以在短短6小时30分钟内完成马拉松比赛，而平均速度为每英里12分钟时（可以通过跑步和步行的组合来实现），完成时间可以达到5小时。

总而言之，尽管步行不可能赢得马拉松比赛，但如果不能跑完全程的话，步行也可以成为成功策略的一部分，这种策略是将完成比赛作为主要目标。而且，如果它与合理的跑步数量相结合，步行也可以取得良好的成绩。

误区：快跑比慢跑消耗的卡路里多

快速完成一次训练或马拉松比赛比慢速完成相同里程消耗的卡路里多，这是一个常见的误区。事实上，尽管跑步速度快时能量消耗的速度也会更快，但无论跑步速度如何，从开始到结束所消耗的卡路里总量几乎相同。总体而言，将相同质量的物体从一个点移动到另一个点需要的能量相同。通常感觉快速跑步会消耗更多的总卡路里，因为这需要更大的努力。然而，这种努力的持续时间要比慢跑短得多，所以慢跑时卡路里的消耗量与快跑相当。

跑步经济性（跑一定距离所消耗的能量）在跑步者之间确实有所不同，这通常是由经验、体形和体重的差异造成的。当以更慢或更快的速度跑步时，同一名跑步者也会出现一些个人波动，这是由效率的差异造成的。但是这些差异非常小，因此可以估算跑步者跑完一定距离所需的能量。例如，无论速度如何，大多数跑步者每跑1英里都会消耗100~120卡路里，并且无论完赛时间是2小时还是5小时，马拉松消耗的能量都约为3000卡路里。

制订最优恢复策略可以使身体以最快的速度恢复并使疼痛程度降至最低。

第四部分

马拉松的
赛后恢复

马拉松赛开始后，你的身体承受了巨大的压力。马拉松的赛后恢复与马拉松的赛前准备同样重要，本部分将介绍马拉松赛后恢复的最佳方式以及如何在马拉松赛后回到正常生活。

马拉松跑步比赛后的注意事项

对于大多数跑步者来说，结束的时间是越过终点线带来欣快感并完成26.2英里挑战的时刻；对于另一些人来说则是未能完赛带来失望的时刻。处理两种心情并继续前进是下一步需要优先进行的事项。

你花费几个月的时间准备马拉松比赛。训练占据你的生活，也挤占你与身边人共处的时间。然后，在你越过终点线后，这一切都结束了。在发起下一次挑战之前一切恢复到跟平常一样。这时恢复应该成为马拉松赛后活动的重要组成部分；忽视它意味着恢复正常生活或再次跑步需要花费更长时间和更大的努力。

对于大多数马拉松运动员来说，恢复过程将伴随着长时间的"情绪高涨"和兴奋感，与大家分享自己的成就，并在未来的许多日子里一直佩戴比赛的奖牌。但对于少数人来说，会有失望，有的是因为未能取得理想的成绩，或者更糟的是由于未能完成比赛。根据我的经验，任何未能取得预期成绩的失望都会很快消失，因为毕竟已经完成了比赛。无论跑步速度如何，毕竟跑完26.2英里是一个漫长而艰难的过程。未能完成比赛则不同，尤其是当马拉松成为许多次长跑和孤独训练的高潮时，可能对选手造成毁灭性的打击。没有简单或快速的解决方案，失败的性质将影响恢复阶段的时间。

"这时恢复应该成为马拉松赛后活动的重要组成部分；忽视它意味着恢复正常生活或再次跑步需要花费更长时间和更大

马拉松结束后，是时候进行总结并对未来进行规划了。

的努力。"

如果仅仅是身体疲劳，那么在精神和身体恢复几周后，尝试另一次马拉松也不失为一种选择。但如果由于受伤而需要恢复，那么康复的过程可能会更长。也就是说，未能完成比赛的跑步者也会显著增强"马拉松体质"，如果希望再次尝试，仍然可以利用这种方式进行备战。

马拉松完赛后立刻要做的事包括领取奖牌、礼包和完赛者T恤，然后是取自己的装备包，并与朋友和家人相聚。这可能需要一些时间，期间保持温暖是重中之重。

一旦跑步停止，心率和氧气需求就会减少。到达腿部肌肉的血液会减少，并且由于它们不再产生热量，体温很快就会开始下降，这很快就会导致发抖。因此，许多比赛会为运动员提供用来保持身体温暖的轻便"太空毯"。

每项马拉松赛事都有帮助选手查找自己装备的系统。起点和终点不是同一地点的赛事中，组织方会通过巴士将选手的装备运送到终点。

寻找运送自己装备的巴士和装备通常是一个相对快速和有效的过程。找到自己的装备包后应立刻穿上衣服，并开始补充液体和能量。

找到家人和朋友可能会有些困难，除非已经预先安排了见面地点，并且永远不要低估由人群和其他跑步者造成的混乱。在大型赛事中，因为同时使用手机的人太多，网络可能会超负荷，因此规划和耐心至关重要。赛事组织者可能会提供一个有清晰识别标志的指定会面区域。对于疲倦的跑步者来说，找到一个可以等待并且可以让其他人找到自己的地方通常是最容易的！

恢复的实际步骤

马拉松比赛后选手需要一定的时间回归正常生活。简单的自助步骤将有助于使恢复过程快速且有效。

马拉松比赛的结束就是恢复期的开始。当然，如果你什么也不做，你最终也会恢复过来，但是这段时间可能会很长，有时甚至会伴随痛苦。下面简单的步骤将有助于所有水平的马拉松选手快速且有效地恢复正常。

补充水分

使用非酒精性液体（如等渗饮料）补充液体、能量和电解质。

补充能量

跑马拉松所消耗的能量相当于一整天的摄入量，并且糖原储备耗尽，所以赛后每天饮食的核心部分必须是碳水化合物。

处理水疱、擦伤和掉趾甲

这些是不可避免的，如果严重的话，需要医生进行清洁、消毒和包扎。如果情况不是太糟糕，请保持受伤区域清洁、干燥并得到有效包扎，直到愈合。

缓解延迟性肌肉酸痛（DOMS）

延迟性肌肉酸痛是指代多种疼痛情况的常见术语，同时也是大多数跑步者在跑完马拉松后经历的最疼的情况。腿部持续受到地面的冲击使肌肉纤维和周围组织出现损伤和炎症，从而引起DOMS。在马拉松赛结束后的24～48小时内，这种情况会持续并达到高峰，所以使用"延迟"这个词进行描述。最严重的情况可能是非常虚弱，从而导致步行（尤其是在下坡或下楼时）困难。

对于很多人来说，DOMS是一个"荣誉徽章"，同时也向宅男朋友发出一个明确的信息，我刚刚跑完马拉松比赛！DOMS是暂时性的，通过温水浴可以获得一些缓解。温水浴可以放松肌肉，并有助于消除引起疼痛的积液和炎症。

冰浴

作为减少导致肌肉酸痛和DOMS的炎症的手段，冰浴广受跑步者，尤其是职业运动员的欢迎。应该在马拉松比赛后的头几个小时内开始冰浴，这对于那些面临长途回家的人来说会很困难。对很多人来说，忍受了26.2英里跑步带来的痛苦之后，他们不愿意再忍受冰浴带来的不适。将其作为一个赛后恢复的额外选择，而不是"必做"！

拉伸

轻轻拉伸已经努力工作的肌肉将有助于减轻肌肉僵硬和炎症，并且可以刺激血液循环以帮助愈合和恢复。

按摩

人们对马拉松赛后是否能够按摩的说法不一。虽然比赛之后立即进行轻柔的按摩可能有助于刺激血液循环并降低肌肉僵硬度，但是为了不让肌肉进一步受损，我们建议不要在赛后立即进行按摩。在马拉松赛后两三天内，当恢复过程进展顺利，并且可以更有效地对肌肉进行处理时，许多跑步者会预定按摩。此时，按摩可以帮助减轻炎症并放松肌肉，使正常的肌肉收缩变得更容易。马拉松比赛后，使用滚轮轻轻按摩有助于放松肌肉，增加血液流动，防止和减轻肌肉僵硬。

跑步

马拉松比赛之后何时可以再次跑步在很大程度上取决于个人以及比赛造成的生理和心理压力。对于大多数人来说，可以在1周内开始跑步，但是跑步速度和距离都应该受到限制。做好腿部感到疲倦的准备，特别是在刚刚重新开始跑步时。

接下来做什么

设定一个新的目标。是另一场马拉松比赛，还是10公里比赛，还是更大的目标，比如超耐力赛或铁人三项赛？值得一提的是，马拉松的跑步和训练能够显著改善健身状况，因此恢复过程中保持这种身体状况是最佳选择。

缓解跑26.2英里后的肌肉疼痛是马拉松赛后恢复过程中最重要的部分之一。

许多赛事对选手提出不寻常的生理和心理要求，即使是最有经验的马拉松选手也面临着挑战。

第五部分

新的马拉松跑步挑战

经过数月的辛勤工作和艰苦训练，你已经成为了马拉松完赛俱乐部的一员。对于许多人来说，这只是一个开始，因为还有很多其他的马拉松赛事和挑战等待着你的冲击。

下一步该做什么

完成26.2英里的马拉松应该是改变生活的开始，而不是结束。设定新的目标，而不是让来之不易的健康体质消失殆尽，这是马拉松比赛结束后的下一步工作。

越过终点线后，你说的第一句话可能是"再也不跑了"。但对于很多人来说，当痛苦逐渐被成功和骄傲的热情所取代时，下一个挑战计划便跃然纸上。不一定是再跑另一场马拉松比赛，选手可以在轻松训练和不影响生活的前提下定期参加里程更短和更轻松的比赛。这些比赛可以包括定期在许多国家举行的5公里、10公里、10英里和半程马拉松比赛，参加这些比赛是保持健康体质的好机会，同时还可以享受竞争者间的情谊。完成马拉松比赛的个人拥有强健的体质，一旦身体和精神完全恢复，健康优势就会显现出来。因为不再锻炼而失去这种健康状态简直是极大的耻辱，而利用它参加新的赛事并设定不同的目标可能会为生活方式和健康状况带来更大的好处。

对于一些人来说，在更短的时间内或者在本国甚至全球的不同地区完成另一场马拉松赛可能会成为下一个目标。一些跑步者会成为"马拉松游客"，他们的度假地会选在举办马拉松比赛的城市和国家，从而使跑步和假期完美结合。这时马拉松成为了观光旅游的"借口"，而参赛者并没有将取得个人最佳成绩作为目标。今天，世界范围内的主要首都城市几乎都有自己的马拉松赛事，而珠穆朗玛峰马拉松赛等赛事则提供了在极端或特殊地点参加挑战的机会。

完成马拉松的跑步者的选择远超20年前的选手。超级马拉松比赛提供了完成26.2英里以上里程的机会，并且成为了那些认为马拉松跑步已不具挑战性的人的真正挑战！除了这些以及每个周末在乡村、城镇和大城市举办的众多短距离赛事之外，还有铁人三项和多人赛等多种赛事可供选择。

铁人三项赛（游泳、骑自行车和跑步）的知名度迅速增长。这一曾经被认

铁人三项是一项将跑步和其他耐力项目（如游泳和自行车）结合的运动。

为只有极限耐力运动员才能参加的项目，到如今，能够游泳、骑自行车和跑完"铁人"里程或者能够参加"短程"赛事的各种水平的选手都可以参加。对于那些感觉游泳比较困难的选手，可以参加越来越受欢迎的由自行车和跑步组合而成的铁人两项比赛。

毫无疑问，跑马拉松会改变许多人的生活。正如我们发现的那样，当训练和备战需要占据跑步者及其家人的生活时，这种改变尤其明显。但如果能够合理训练和比赛，那么完成马拉松比赛也可以在赛后多年继续改变人们的生活。

"超级马拉松比赛提供了完成26.2英里以上里程的机会，并且成为了那些认为马拉松跑步已不具挑战性的人的真正挑战！"

将锻炼融入我们的日常工作中，不断设定目标并致力于实现目标，可以使人们更积极地生活，并使社会更健康。即使你只跑过一次马拉松，这种意志品质也会在赛后的许多年内帮助你应对生活中的其他挑战。但是，如果你选择继续参加马拉松比赛，或者设置更高水平的挑战和目标以跑完26.2英里以上的里程，那么机会几乎是无穷无尽的。

马拉松大满贯

在大城市中举行的高水准、大众参与的马拉松赛事吸引了来自世界各地的跑步者，并且在每个赛事中至少完成一次已成为许多跑步者的"必达"目标。

"马拉松大满贯"的赛事是每年在世界各地举办的六场马拉松比赛，六个城市分别是波士顿、柏林、芝加哥、伦敦、纽约和东京。它们都是在大都市中举行的大众参与的赛事，必须遵守最高的管理和组织标准，并且对反兴奋剂做出有力承诺。对于职业运动员来说，大满贯赛事是一个赢得大笔奖金的机会。任意两场比赛的积分相加最高者被确定为年度冠军。各项大满贯赛事的组织者经常会利用科学支持参赛选手，其中包括赛前准备、营养和训练，以及现场补水和赛后恢复策略。为了避免出现极端天气，大满贯赛事都在春季或秋季举行。然而2012年纽约马拉松赛因飓风取消。

高水准的比赛吸引了来自海外的参赛选手。对于许多人来说，克服时差和重新设置昼夜节律的挑战会使26.2英里的跑步比平常更难！

波士顿，美国

在美国爱国者日（4月的第3个星期一）举行，波士顿马拉松是世界上历史最悠久的一年一度的马拉松赛事，创办于1897年。参赛者必须取得资格方可参赛，比赛以其赛道具有一系列起伏的山丘而闻名，其中对运动员考验最大的地段是20

平坦的路线以及欢呼加油的人群使芝加哥马拉松佳绩频出。

柏林马拉松历史悠久，甚至有自己的"墙"。

~21英里之间的"心碎岭"。虽然心碎岭的海拔只升高了21米（88英尺），但由于运动员到达这个地段时体内糖原即将耗尽，所以该段比赛极其艰苦。

柏林，德国

柏林马拉松赛在9月举行，起点和终点均在标志性的勃兰登堡门附近（见上图）。1990年，德国统一后路线覆盖了整个柏林，每个跑步者都可以在24英里处与柏林墙残骸亲密接触。

芝加哥，美国

芝加哥马拉松赛于10月份举行，该赛事吸引了大约170万名观众，并通过29个街区。芝加哥马拉松赛中诞生了多项世界纪录。平坦且很少曲折的路线以及来自人群的加油声都有助于运动员跑出最好成绩（见左图）。

伦敦，英国

伦敦马拉松赛于4月份同时在格林威治和布莱克希斯举行。在越过位于白金汉宫前的林荫大道的终点线之前，伦敦美景尽收眼底。

前3英里的轻微下坡路段可能会使跑步者速度过快，但此后路线平坦。该项赛事补给站密度较高。

纽约，美国

纽约马拉松是世界上最大的马拉松比赛，参赛选手超过50 000名，比赛路线穿越纽约市的5个区。除2012年因飓风"桑迪"而被取消，该项赛事自1970年以来每年都举行一次。

东京，日本

东京马拉松每年2月举行，比赛路线包括了城市的古代和现代部分，赛事会吸引约35 000名选手。这是亚洲最大的马拉松比赛，2020年奥运会的马拉松比赛的部分路线很可能与该项赛事重合。

为科学打造的马拉松

所有马拉松比赛都是艰难的，但有些比赛由于位置和气候的原因更加艰难。它们为跑步者提供了额外的难度，从而可以让优秀的跑步者脱颖而出。

尽管参加任何一项26.2英里的马拉松比赛对人体都是一种挑战，但是总有一些人可以突破人类的极限。正确应用科学可以提高取得优异成绩的可能性。

珠穆朗玛峰马拉松，尼泊尔

起点在海拔5184米（17 000英尺）处，靠近珠穆朗玛峰大本营（见右图），珠穆朗玛峰马拉松的稀薄空气和较低的氧气含量意味着高海拔适应训练是必不可少的。这项赛事基本上都是下坡路，终点设在海拔为3446米（11 300英尺）的那木齐巴扎的夏尔巴村。在困难地形上下山跑会产生大量的偏心收缩，从而诱发肌肉酸痛，这使马拉松赛后的恢复变为更长且更痛苦的过程。

死亡谷马拉松，加利福尼亚州，美国

比赛位于地球上最热的地方之一——死亡谷的壮观场景中。与珠穆朗玛峰马拉松不同的是，该项赛事路线的海拔完全在海平面之下。比赛期间温度通常达到30~40℃（86~104ºF），这时脱水和高温成为不断的威胁。适应在高温条件下跑步是所有选手必不可少的条件，只有这样才能安全和成功地完成比赛。

北极马拉松，北极

在本项马拉松比赛中过热不是问题，保持温暖则极其重要。比赛在北极圈内靠近北极点的一条26.2英里路线上举行，这条路线每年都会根据冰情发生变化。这场比赛常常涉及极度寒冷的情况，意味着穿上保暖衣服以及保护好四肢防止冻伤是至关重要的。

对于疲劳和速度下降的跑步者来说，寒冷会成为一个特殊问题，因为他们会因

炎热、出汗和低于海平面，死亡谷马拉松并不适合胆小的人。

珠穆朗玛峰马拉松不适合喜欢温暖天气的人，它将寒冷、高原与棘手的地形融为一体。

此停止产生维持核心温度所需的热量。

北多赛特乡村马拉松，英国

并非所有马拉松比赛都是在大城市举办、有大量选手参与或者是在极端条件下举办的赛事。许多马拉松比赛也会在小地方举行，这些赛事观众很少。在这些赛事中选手将不可避免地长时间独自一人跑步，此时自我激励至关重要，选手可以检视自己的心理弹性以及身体能力和储备。北多赛特乡村马拉松赛就是这样的一项赛事，该项赛事举办期间气候宜人，比赛路线贯穿北多塞特一系列风景如画的村庄。

赛后营养来自烤猪排和一些素食。希望远离人群，依靠自己的精神力量，喜欢乡村的宁静而非大城市熙熙攘攘的选手适合参加这项赛事。

梅多克马拉松，法国

梅多克马拉松赛打破了马拉松比赛的每一条规则和科学理论。必须穿着礼服才有资格参加此项在法国波尔多举行的大型赛事，并且在23个补给站的每一站，跑步者都要在品尝当地美食（如牡蛎、鹅肝酱和奶酪）时喝一杯葡萄酒。梅多克马拉松每年都会吸引10 000名选手参加，该赛事规定到达终点的最长时间为6小时30分。

超级马拉松

在完成马拉松后寻找下一步挑战的跑步者中，一些人选择参加5公里跑，而另外一些人则决定进行更极端的尝试，比如超级马拉松比赛，这项比赛的里程超过26.2英里。

对于一些跑步者来说，完成一次马拉松后便不会再尝试。但是对于其他一些人来说，这可能仅标志着更多马拉松的开始，并且这些人可能希望进一步挑战个人耐力的极限。因此，比赛里程超过26.2英里的超级马拉松应运而生，并且越来越受欢迎，因为越来越多在马拉松赛场取得成就的跑步者希望寻找新的挑战。

有两种类型的超级马拉松：第一种是基于时间的，跑步者的目标是在规定的时间内（例如24小时或48小时）跑尽可能长的距离。第二种是基于距离的超级马拉松，也是最常见的，其目标是尽可能快跑完指定的距离。两种超级马拉松比赛都不"容易"，但基于距离的超级马拉松比赛的最短里程是50公里（31英里），这为那些刚接触超级马拉松的人提供了一个很好的切入点。除此之外，100公里（62英里）和100英里的里程都是常见的。比赛路线可以是道路或野外，也可以是多地形交替或运动场跑道。在参加任何一种超级马拉松之前，进行一些背景研究，了解赛事提供的支持，了解地形（和可能的山丘）以及是否需要导航都是非常重要的。

极限长跑为比赛选手提供了一个终极挑战。勃朗峰环线极限长跑因其艰苦程度高而名声在外。该项赛事每年8月举行，起点和终点均设在夏蒙尼，参赛者需要在48小时内穿过法国、意大利和瑞士山区的164公里（102英里）路程。选手在跨过终点线之前累计爬升高度超过8000米（26 250英

如果跑完26.2英里感觉意犹未尽，超级马拉松为你提供了里程更长，对身心产生压力更大的挑战。

误区：服用盐水可以治疗痉挛

一分钟前，一切进展顺利，跑步者慢慢地跑着。然后，肌肉突然开始出现僵硬、灼热和紧绷情况，这使跑步者从行云流水的跑步状态瞬间变得无法动弹。肌肉痉挛的发生是出人意料的，它会使人虚脱并且极具破坏性。对于一些跑步者来说，这是他们必须应对的一种常见困扰。

痉挛的确切原因尚不清楚，而且其发生可能具有个体差异性。在马拉松赛期间，环境在不断变化，肌肉承受着巨大的压力。数十亿的协调神经冲动通过高度复杂的生物化学过程激发肌纤维产生能量，这是肌肉成千上万次收缩和舒张的原因。这个过程发生在一个不断变化的环境中。

引起痉挛的一个可能原因是出汗导致肌肉和神经发挥作用所需的电解质（特别是钠）的流失。钠是以盐的形式存在的，所以一些跑步者通过服用盐片减少发生痉挛的风险。然而这是错误的，这是因为水的流失速度大于钠盐，所以即使体内钠的总量在下降，但钠盐的浓度实际是增加的。服用盐片会使钠盐的浓度进一步增加，并可能使问题更加严重。保持水分，使用可以补充液体和电解质的等渗饮料并进行有效拉伸，是防止痉挛的明智选择。

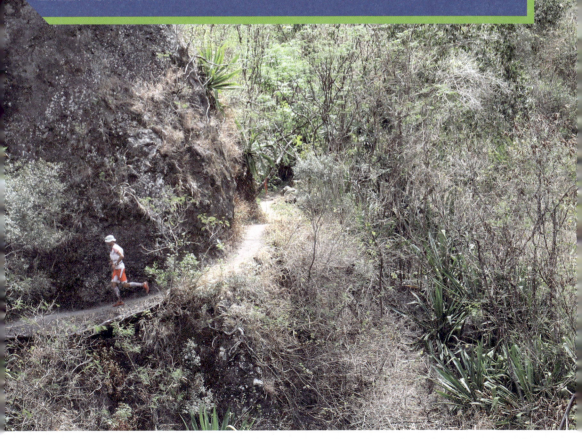

尺），这几乎相当于攀登了珠穆朗玛峰!

超级马拉松跑步的科学方法与马拉松跑步的基本科学方法有所不同。选手通过长距离训练使心理和生理准备好接受挑战是至关重要的。在比赛当天，合理的步速当然是必不可少的，在低运动强度下跑步以确保不产生乳酸，此时肌肉能够利用脂肪储备而暂不动用碳水化合物。比赛期间补充能量和水分是必不可少的，任何未这样做的跑步者都将无法完赛。一些跑步者会在固定的补给站停下来补充能量，有时甚至是进餐，在此期间他们的碳水化合物储备将得到充分补充。和马拉松一样，在训练中练习补充能量是至关重要的，这样才能清楚自己可以食用和耐受的食物的数量和种类。饮食重点需放在碳水化合物上，携带零食和能量胶是保持能量水平的简单而有效的方式。持续补水是至关重要的，特别是在温暖的日子里，携带水或等渗饮料可确保持续出汗和散热。

从心理上讲，超级马拉松比马拉松更具挑战性，使用诸如"分区划分"和目标设定等技术是至关重要的。里程更长的赛事需要更坚强的心理支撑，因为跑步者的睡眠经常得不到保障，这可以引起精神不集中以及专注度下降，同时会破坏身体的昼夜节律。决定一直不睡继续挑战还是安排短暂的睡眠是许多超跑者面临的挑战。

许多超级马拉松会指定跑步者需要携带的衣服，因为赛事持续时间较长，这意味着天气有发生变化的可能。在天气恶劣时保持温暖和干燥对跑步者的安全和健康至关重要，并且还需要准备普通马拉松比赛中不需要的其他物品，包括用于夜间跑步的头灯和盛有补液所需饮料的头盔。

超级马拉松跑步提出的身体和心理挑战超出普通马拉松跑步，如尝试需谨慎。然而，对于许多人来说，它提供了一个探索人类耐力极限的新挑战。

把人类的耐力推到极限需要最高水平的身体条件和精神支撑。

无论步速如何，合理的饮食和跑步策略能够增加你在未耗尽能量的前提下完成比赛的可能性。

误区：当有撞墙的感觉时，说明你的能量已经耗尽

"我仿佛撞到了墙上"，短短几个字让任何马拉松选手都心生恐惧，这几乎肯定意味着最后几英里的比赛是缓慢而痛苦的过程。撞墙感已经成为马拉松比赛中困难阶段的代名词，通常在比赛进行至18~20英里时会出现撞墙的感觉，这时仿佛一切都戛然而止，疲劳感占据上风的同时双腿感觉沉重且无反应，并且每迈一步都需要付出巨大的努力。因此，撞墙感通常与剩余糖原储备不足以支撑选手跑到终点，即能量耗尽有关。

事实上，体内依然可以产生大量能量，但是可以提供能量的物质并未出现在正确的身体部位，所以诀窍是弄清楚如何使用它们。

可以肯定的是，跑步所需的主要肌肉和肌肉纤维几乎消耗了大部分（如果不是全部）糖原，但是跑步时没有发挥太大作用的其他肌肉中仍然应该留有一些储备。跑步姿势的改变可能有助于释放其中一些储备。即使出现撞墙感，体内依然存在大量脂肪储备。当体脂含量为15%时，体重70千克（11英石或154磅）的跑步者体内含有10.5千克（23磅）脂肪，这些脂肪全部燃烧后会产生足以维持30次马拉松的超过90 000卡路里的热量！然而，脂肪的利用率较低并且无法在快跑时提供能量，因此，持续慢速的跑步可以有效利用这些即使在完赛时依然供应充足的重要能量储备。

训练、计划、步速和边际增益都可以使你有一个成功的马拉松体验。

第六部分

智慧马拉松的实用资源

马拉松选手很容易忽视基础知识，所以这一部分将为所有水平的马拉松选手提供基于科学的实用资源，这些资源有助于马拉松的成功完成。

马拉松跑步成绩提高1%的100种策略

其他生活方式的改变也可以在26.2英里比赛的备战过程中对选手的身体产生积极影响。

01 遵循适合自己需要的训练计划。

02 找一个跑友一起训练。

03 考虑加入一个跑步俱乐部。

04 将马拉松训练融入生活。

05 提高跑步的预算——这有助于激励自己。

06 将每周长跑的优先级提升至"必做"。

07 进行"预康复"评估，预防受伤。

08 购买适合自己跑步姿势的跑鞋。

09 征求教练的个性化训练建议。

10 加入马拉松跑步论坛，激励自己并分享经验。

通过对区域编号进行微调，有可能显著提高比赛成绩。

任何使跑步变轻松的改变都对训练和比赛有帮助。

11 做体质评估。

12 分析自己的跑步姿势。

13 购买一台心率监测器。

14 有规律地拉伸，避免受伤。

15 逐渐稳步增加跑步里程数。

16 使用大量碳水化合物为训练提供能量。

17 训练后合理补水。

18 减少酒精摄入量。

19 体重每下降1千克（2.2磅），消耗的能量可减少1%。

20 选择不同的跑步路线以增加训练的多样性。

21 在温暖的日子里进行耐热训练。

22 训练前要热身。

23 有规律的拉伸可以增加你的跑步里程。

24 在训练中加入速度耐力跑。

25 训练在跑步过程中饮水。

26 训练期间尝试比赛当天使用的饮料。

不管是在前面还是在后面起跑，边际增益理论有助于所有水平的跑步者提高成绩。

33 为马拉松设定符合实际的目标时间。

34 计算自己的目标步速，并在训练中练习。

35 回看之前的马拉松录像，看到其他选手冲线有助于增强信心。

36 虽然比赛会有里程标记，但是可以在比赛中使用GPS，及时知道还有多远跑完一英里会对你有帮助。

37 如果天气潮湿，不要穿太多。

38 随着比赛的临近，应该将排便时间调整到比赛开始之前。

39 随着比赛的临近，每天服用含铁的多种维生素。

40 比赛的前一天晚上选择比赛当天能够快速到达起点的地方住宿。

41 熟悉比赛路线，熟悉上下坡的位置。

42 关注比赛当天的天气。

43 列出比赛当天所需装备的清单。

27 训练期间尝试比赛当天使用的能量胶。

28 通过山地跑增加腿部力量。

29 通过多穿衣服创建自己的微气候以应对炎热情况。

30 训练的时间点与比赛一致，以调节自己的生物钟。

31 在训练中穿插短距离跑。

32 在训练中尝试比赛当天使用的装备。

44 绝对不要穿一双新鞋跑步。

45 规划好比赛当天到起点的路线。

46 随着比赛的临近，保持食用大量碳水化合物。

47 吃香蕉，1根香蕉可以提供跑1英里所需的能量。

48 你确定想穿新奇的衣服参赛？这将使比赛更加艰难。

49 比赛前一天尽量多休息。

50 比赛前夜不要吃特别的食物。

51 比赛前夜选择熟悉的高碳水化合物的食物。

跑步变得困难时是否有能力使用剩余的能量储备会对比赛结果产生重要影响。

52 比赛前一天保持体内水分充足。

53 检查并确保自己尿液的颜色是浅黄色。

54 比赛前一天避免饮酒。

55 购买防噪耳塞以保证睡眠质量。

56 男性选手刮掉胸毛有助于出汗和保持凉爽。

57 修剪趾甲，否则趾甲可能受伤。

58 比赛前夜在身旁准备一杯水。

59 早起，为早饭和前往比赛起点留足时间。

60 设置至少2个闹钟。

61 早餐时充分补充液体。

62 吃熟悉、清淡的碳水化合物面包。

63 起跑前喝一杯咖啡可以起到提神的作用。

64 起跑前一小时完成充分补水以避免在比赛开始时上厕所。

65 将等渗饮料和水瓶带到起跑处。

66 提前到达起跑处完成最后的准备活动并去一次卫生间。

67 使用凡士林润滑所有活动的身体部位。

比赛服是否舒适可以对比赛成绩产生重要影响。

68 在脚上涂抹凡士林以减少产生水疱的风险。

69 系好鞋带，但是不要太紧以免影响脚部血液循环。

70 确认比赛途中的厕所在哪，确保比赛中能够快速上厕所。

71 在起点即使很冷也不要穿太多衣服，开始跑步后会暖和的。

72 跟随节奏和你速度一致的大部队跑。

73 选择节奏和你一致的跑步者一起起跑。

74 在起点花些时间关注自己的目标。

75 如果你是新手，切记"目标是完赛，而不是与其他人竞争"。

76 如果发令枪响后你还不能起跑，不要惊慌。

77 一些赛事会在路上划线以标示最佳路线，沿着这些线跑可以避免做无用功。

78 在早期阶段尽可能节省能量，避免与观众互动或击掌。

79 如果天气炎热，寻找阴凉处保持凉爽。

80 如果在大风天气里比赛，让其他跑步者充当你的避风罩。

81 利用比赛途中的饮水站，少量多次的饮水比豪饮效果好。

82 使用等渗饮料补充液体、能量和电解质。

83 比赛中使用能量胶可以补充糖原并提供能量。

84 可以吃儿童的胶糖！6块胶糖可以提供跑1英里的能量。

85 如果你带了电话，让朋友定时给你打电话进行鼓励。

86 如果比赛中提供喷淋，那么可以使用它们降温。

87 随着比赛的展开，重新设定距离，因为这时你不再需要完成26.2英里了。

如今越来越多的人参加马拉松比赛，不论用多长时间完成比赛，都是一项重大成就。

88 科学家表示听音乐可以激励跑步者。

89 疲惫时身体不要过分前倾。保持高重心，这样对呼吸有利，并能保持更快的速度。

90 在大型马拉松赛事中，借助观众的喝彩声激励自己。

91 向内，关注自己的身体状况和跑步节奏。

92 向外，让观众的喝彩协助你到达终点。

93 让朋友和家人在途中鼓励你。

94 可以通过在心里默念"我能行"或者在脑海里哼唱一首歌来缓解精神上的疲惫。

95 数自己的步数，反复从1数到100。

96 想象自己跨过终点线以及因此感受到的愉悦。

97 当感觉到极其疲惫时，可以慢跑或走，但不要停下来。

98 吃一些甜的东西。科学家发现甜食能给人以短暂的生理和心理鼓励。

99 尝试改变步幅，以使用不同的肌肉纤维和能量储备。

100 不论多疲惫，动用最后的能量储备，保持高重心，坚强体面地到达并冲过终点。

基础训练计划

基础训练计划是为那些生活繁忙的人或者马拉松新手设计的。

这个训练计划是为第一次参加马拉松比赛或以完成比赛为目标的人设计的，而不是为希望在比赛中取得个人最佳成绩的人设计的。该计划的关键是使用更高强度的间隔训练法和法特莱克训练法，以便用有限的训练时间获得最大的回报。

该计划包括每周延长"长跑"里程，这是一种增强心血管功能和局部肌肉耐力的有效方式，同时可以使受伤风险最小化。

关键词	CP=舒适配速，即低配速 TDP=不适配速，即高配速

第一周
第1天：以CP完成20分钟定速跑。
第2天：以CP完成30分钟定速跑。
第3天：长跑——轻松、低速跑5英里。

第二周
第1天：以CP完成30分钟定速跑。
第2天：以CP完成30分钟定速跑。
第3天：长跑——轻松、低速跑6英里。

第三周
第1天：以CP完成40分钟定速跑。
第2天：以CP完成30分钟定速跑。
第3天：长跑——轻松、低速跑7英里。

第四周
第1天：以产生不适但可忍受的速度（TDP）完成20分钟节奏跑。
第2天：以CP完成35分钟定速跑。
第3天：长跑——轻松、低速跑8英里。

第五周
第1天：以TDP完成30分钟节奏跑。
第2天：以CP完成35分钟定速跑。
第3天：长跑——轻松、低速跑9英里。

第六周
第1天：完成30分钟定速跑，包括8次60秒的冲刺跑，2次冲刺中间穿插2分钟的慢跑恢复。
第2天：以CP完成30分钟定速跑。
第3天：以CP完成40分钟定速跑。
第4天：长跑——轻松、低速跑10英里。

第七周
第1天：以CP完成40分钟定速跑。
第2天：以TDP完成30分钟节奏跑。
第3天：低速完成20分钟恢复跑。
第4天：长跑——轻松、低速跑11英里。

第八周
第1天：完成40分钟定速跑，包括8次60秒的冲刺跑，2次冲刺中间穿插2分钟的慢跑恢复。
第2天：以CP完成30分钟定速跑。
第3天：以TDP完成25分钟跑。
第4天：长跑——轻松、低速跑12英里。

第九周
第1天：以CP完成30分钟定速跑。
第2天：完成50分钟定速跑，包括8次60秒的冲刺跑，2次冲刺中间穿插2分钟的

完美的训练计划在不会影响生活的前提下，能够大幅提升跑步者的体质水平以达到完成马拉松的要求。

慢跑恢复。

第3天： 以TDP完成30分钟节奏跑。

第4天： 长跑——轻松、低速跑13英里。

第十周

第1天： 以CP完成40分钟定速跑。

第2天： 以CP完成30分钟定速跑。

第3天： 40分钟法特莱克练习——以不同的距离完成6次冲刺。

第4天： 长跑——轻松、低速跑14英里。

第十一周

第1天： 以CP完成40分钟定速跑。

第2天： 以TDP完成40分钟节奏跑。

第3天： 40分钟法特莱克练习——以不同的距离完成8次冲刺。

第4天： 长跑——轻松、低速跑15英里。

第十二周

第1天： 以CP完成40分钟定速跑。

第2天： 以CP完成60分钟定速跑。

第3天： 完成50分钟定速跑，包括8次60秒的冲刺跑，2次冲刺中间穿插2分钟的慢跑恢复。

第4天： 长跑——轻松、低速跑16英里。

第十三周

第1天： 以CP完成40分钟定速跑。

第2天： 以CP完成60分钟定速跑。

第3天： 50分钟法特莱克练习——以不同的距离完成10次冲刺。

第4天： 长跑——轻松、低速跑18英里。

第十四周

第1天： 以CP完成30分钟定速跑。

第2天： 以CP完成45分钟定速跑。

第3天： 长跑——轻松、低速跑20～22英里。

第十五周

第1天： 以CP完成20分钟定速跑。

第2天： 以CP完成30分钟定速跑。

第3天： 长跑——轻松、低速跑12～13英里。

第十六周

第1天： 以CP完成20分钟定速跑。

第2天： 以CP完成30分钟定速跑。

第3天： 长跑——轻松、低速跑8英里。

第十七周

参加马拉松比赛

高级训练计划

高级训练计划是为那些更有经验的跑步者，以及可以将大把时间和精力投入到训练中来的人设计的。

与基础训练计划相比，高级训练计划包括更长的训练时间以及每周更长的里程，但是基本原则保持不变，即长跑里程每周逐渐增加，并且加入更高强度的训练以增强心血管功能和腿部力量。对于这种性质的计划，恢复时间至关重要，即使对于有经验的跑步者来说也是如此。恢复为肌肉修复和对训练刺激产生生理适应提供了重要的机会。

关键词	CP=舒适配速，即低配速 TDP=不适配速，即高配速

第一周
第1天：以CP完成20分钟定速跑。
第2天：以CP完成30分钟定速跑。
第3天：爬山训练——4组1分钟的爬山跑，每组中间穿插慢跑恢复。休息5分钟，重复上述跑步过程。
第4天：长跑——轻松、低速跑6英里。

第二周
第1天：以CP完成30分钟定速跑。
第2天：25分钟法特莱克练习——以不同的距离完成5次冲刺。
第3天：以CP完成40分钟定速跑。
第4天：长跑——轻松、低速跑7英里。

第三周
第1天：以CP完成40分钟定速跑。
第2天：以CP完成40分钟定速跑。
第3天：以TDP完成20分钟节奏跑。
第4天：长跑——轻松、低速跑8英里。

第四周
第1天：完成30分钟节奏跑。
第2天：以CP完成40分钟定速跑。
第3天：30分钟法特莱克练习——以不同的距离完成6次冲刺。
第4天：长跑——轻松、低速跑9英里。

第五周
第1天：以TDP完成30分钟节奏跑。
第2天：以CP完成40分钟定速跑。
第3天：爬山训练——4组2分钟的爬山跑，每组中间穿插慢跑恢复。休息5分钟，重复上述跑步过程。
第4天：以CP完成20分钟定速跑。
第5天：长跑——轻松、低速跑10英里。

第六周
第1天：完成40分钟定速跑，包括10次60秒的冲刺跑，两次冲刺中间穿插2分钟的慢跑恢复。
第2天：以CP完成40分钟定速跑。
第3天：爬山训练——4组2分钟的爬山跑，

然后慢跑下山进行恢复。休息5分
钟，重复上述跑步过程。

第4天：以CP完成40分钟定速跑。

第5天：长跑——轻松、低速跑12英里。

第七周

第1天：以CP完成40分钟定速跑。

第2天：爬山训练——4组2分钟的爬山跑，然
后慢跑下山进行恢复。休息5分钟，
重复上述跑步过程。

第3天：以TDP完成30分钟节奏跑。

第4天：40分钟法特莱克练习——以不同的距
离完成8次冲刺。

第5天：长跑——定速跑13英里（或半程马拉松）。

第八周

第1天：完成40分钟定速跑，包括10次60秒的
冲刺跑，2次冲刺中间穿插2分钟的
慢跑恢复。

第2天：以CP完成50分钟定速跑。

第3天：爬山训练——4组2分钟的爬山跑，然
后慢跑下山进行恢复。休息5分钟，
重复上述跑步过程。

第4天：以TDP完成30分钟节奏跑。

第5天：长跑——轻松、低速跑14英里。

第九周

第1天：以CP完成50分钟定速跑。

第2天：完成50分钟定速跑，包括10次60秒的
冲刺跑，2次冲刺中间穿插2分钟的
慢跑恢复。

第3天：以TDP完成30分钟节奏跑。

第4天：完成50分钟的法特莱克训练。

第5天：长跑——轻松、低速跑16英里。

第十周

第1天：以CP完成60分钟定速跑。

第2天：完成40分钟的法特莱克训练。

第3天：以CP完成60分钟定速跑。

第4天：以TDP完成30分钟节奏跑。

第5天：长跑——以轻松的低速跑18英里。

第十一周

第1天：以CP完成60分钟定速跑。

第2天：完成40分钟的法特莱克训练。

第3天：以CP完成60分钟定速跑。

第4天：爬山训练——4组2分钟的爬山跑，
然后慢跑下山进行恢复。休息5分
钟，重复上述跑步过程。

第5天：长跑——轻松、低速跑19英里。

第十二周

第1天：以CP完成60分钟定速跑。

第2天：完成40分钟的法特莱克训练。

第3天：以CP完成60分钟定速跑。

第4天：完成50分钟定速跑，包括10次60秒
的冲刺跑，2次冲刺中间穿插2分钟
的慢跑恢复。

第5天：长跑——轻松、低速跑20英里。

第十三周

第1天：以CP完成40分钟定速跑。

第2天：以CP完成60分钟定速跑。

第3天：50分钟法特莱克练习——以不同的
距离完成10次冲刺。

第4天：长跑——轻松、低速跑20~22英里。

第十四周

第1天：以CP完成30分钟定速跑。

第2天：以CP完成60分钟定速跑。

第3天：以CP完成60分钟定速跑。

第4天：长跑——轻松、低速跑20~23英里。

第十五周

第1天：以CP完成20分钟定速跑。

第2天：以CP完成30分钟定速跑。

第3天：长跑——轻松、低速跑12~13英里。

第十六周

第1天：以CP完成20分钟定速跑。

第2天：以CP完成30分钟定速跑。

第3天：长跑——轻松、低速跑8英里。

第十七周

参加马拉松比赛

训练日历

下图是训练流程，清晰直观地给出了每周应该做什么。

开始

体检。
购买合适的跑步鞋和衣服。

第一周

增强有氧健身和腿部力量的时间。
逐渐增加最长跑步的时间。

第十一周

第十周

每周逐渐增加最长跑步的里程。

第十二周

尝试碳水化合物能量胶。
尝试比赛日的装备。

第十三周

"背靠背"长跑，如连续2天跑10英里。

第十四周

尝试穿更多的衣服跑步以适应更暖和的天气。

第十五周

训练补水。
最长跑步里程：20～22英里。

第三周

第四周

通过间歇性训练法、法特莱克训练法以及爬山跑开始增加训练强度。

第五周

第六周

练习在跑步过程中饮水。

第七周

第九周

第八周

完成半程马拉松。

十六周

碳水物摄

第十七周

马拉松
比赛日

第十八周

恢复。
预定一次运动按摩。

第十九周

新挑战。

马拉松简史

从古希腊到现代奥运会，在世界各地的许多耐力跑步者已经将完成马拉松比赛视为巅峰成就。

传说，马拉松比赛始于公元前490年前后的某天。当时希腊信使斐迪辟从斯巴达附近的马拉松战场跑到雅典，传递希腊人战胜了他们的交战对手波斯人的消息。不幸的是，在说出"我们赢了"之后，斐迪辟由于过度劳累立即死亡。尽管导致他死亡的确切原因一直是个谜，但这可能是身体热衰竭和脱水，这两种状况都在本书中探讨过。正如许多这种性质的传说一样，关于它的准确性存在着矛盾的观点。而且，从斯巴达到雅典有两条不尽相同的路线，因此很难确切知道斐迪辟到底跑了多远。

法国男爵皮埃尔·德·顾拜旦以古希腊奥运比赛为灵感于1896年在雅典举办了首届现代奥运会。顾拜旦和他的同事们希望在奥运会中加入一项有代表性的运动，以纪念古希腊的辉煌。复制斐迪辟的史诗般的奔跑被认为是最佳答案。第一届奥运会的马拉松比赛冠军适时地由希腊选手斯皮里登·路易斯摘得，他在不到3个小时的时间内完成了比赛。不过早期马拉松赛的里程并不固定，约为25英里。1908年伦敦奥运会，马拉松比赛开始于皇室的温莎城堡，经过26英里后终点设在西伦敦白城的大体育场。为了让参赛者在皇家包厢前完成比赛，他们必须在体育场的跑道上完成最后一段里程，总计385码。马拉松的距离不断变化，直到1921年国际业余田径联合会规定马拉松赛的官方距离应为1908年伦敦奥运会所用的26英里385码（42.195公里），这个距离仍然沿用至今。

多年来，马拉松比赛只有男选手可以参加。事实上，直到1984年洛杉矶奥运会才第一次出现女子马拉松比赛。然而，在20世纪70年代和80年代，事情开始发生变化，马拉松比赛开始越来越流行，越来越成为大众参与的赛事。1972年，当美国运动员弗兰克·肖特成为奥运会马拉松比赛冠军时，他成为了民族英雄。这场胜利激发了人们对跑步，尤其是对马拉松的热情。纽约、波士顿和芝加哥等大城市的马拉松比赛开始迅速发展。随着世界各地其他城市举办自己的年度马拉松比赛，这项运动在全球范围内迅速普及。1981年伦敦马拉松赛开赛时，赛事的联合创始人之一克里斯·布雷谢将其形容为"郊区男子的珠穆朗玛峰"，这句话在很大程度上概括了马拉松是什么以及成为了什么。马拉松是一项巨大的挑战，完成一次是任何跑步者都应该引以为傲的成就。然而，现如今，无论其年龄或能力如何，只要能进行合理的备战和训练并且意志坚定，那么几乎所有人都可以跑完26.2英里。你不需要成为一个为了完成比赛而投入自己生命的跑步者，对于许多人而言，只要正确运用科学和合理的建议，完成马拉松是可能的，而这些人不在少数。

与50多年前的赛事组织者相比，今天的马拉松赛事组织者有着非常不同的思维方式。今天他们预期许多跑步者会跑得慢一些，他们知道有些人需要走一段距离，并且他们不会预期所有人都在4小时内完赛。现在的马拉松对需要更长时间跑完全程的人，以完赛为目的第一次参加比赛的人，以及只想将其作为一生中仅有的一次重要体验的人很友好。

如果在公元前490年长距离跑可以有运动科学支持的话，那么斐迪辟在到达雅典时很有可能不会死亡。不幸的是当时并没有运动科学，事实上许多年来人们对耐力跑的科学方法一直知之甚少。当美国选手托马斯·希克斯在圣路易斯赢得1904年奥运会马拉松比赛时，他的支持团队禁止他喝水，而且给他服用了大量的酒精和蛋清，同时还服用了现在被禁止的兴奋剂士的宁以"帮助"提高成绩。尽管那个时代在睡眠不足的日子里进行超耐力比赛（如史诗级竞走）是司空见惯的，但运动员们对训练计划却知之甚少。

在20世纪初，两个全球性挑战对科学知识在提高人类能力过程中的应用产生了深远影响。首先是对世界极地地区的探索，以及随后在长期探索这些区域的过程中，对所需特殊营养的深入研究。第二个挑战是征服世界上最高的山峰，当然也是第一个在喜马拉雅山脉攀登珠穆朗玛峰的比赛。最早离开实验室，并在高山缺氧条件下陪同登山探险队对人类进行监测的首批科学家之一是英国生理学家和登山家格里菲斯·普格。普格的研究标志着科学家对极限运动如何影响人体开始有了更深刻的理解。今天，科学在耐力表现方面的应用已以同样的方式演变，并且在这一时期，马拉松运动越来越受欢迎。

尽管近些年来教练、训练、营养和服装都已经发生了变化，但是马拉松的挑战依旧。

一些有用的表格

本书中里程的单位是马拉松常用的英里，但是你在训练和比赛中可能更喜欢使用公里。有许多在线转换器可以对两者进行换算，而且助跑器通常提供英里和公里两个选项，但为了便于参考，我们制作了下表。

英里和公里之间的换算表

英里	公里		英里	公里
1	1.6		14	22.5
2	3.2		15	24
3	4.8		16	25.7
4	6.4		17	27.4
5	8		18	29
6	9.7		19	30.6
7	11.3		20	32.2
8	12.9		21	33.8
9	14.5		22	35.4
10	16.1		23	37
11	17.7		24	38.6
12	19.3		25	40.2
13	20.9		26.2	42.2

分别以英里和公里计的跑步速度表

英里/小时	公里/小时	分钟/英里	分钟/公里	400米	5千米	1万米	半程马拉松	全程马拉松
4.00	6.44	15.00	9.19	3.44	46.35	1.33.10	3.16.38	6.33.17
4.20	6.76	14.17	8.53	3.33	44.25	1.28.50	3.07.15	6.14.29
4.35	7.00	13.48	8.34	3.26	42.50	1.25.40	3.00.55	6.01.49
4.40	7.08	13.38	8.28	3.23	42.20	1.24.40	2.58.43	5.57.27
4.60	7.40	13.03	8.06	3.14	40.30	1.21.00	2.51.05	5.42.09
4.80	7.72	12.30	7.46	3.06	38.50	1.17.40	2.43.52	5.27.44
4.97	8.00	12.04	7.30	3.00	37.30	1.15.00	2.38.11	5.16.22
5.00	8.05	12.00	7.27	2.59	37.15	1.14.30	2.37.19	5.14.38
5.20	8.37	11.32	7.10	2.52	35.50	1.11.40	2.31.12	5.02.23
5.40	8.69	11.07	6.54	2.46	34.30	1.09.00	2.25.44	4.51.28
5.59	9.00	10.44	6.40	2.40	33.20	1.06.40	2.20.42	4.41.25
5.60	9.01	10.43	6.39	2.40	33.15	1.06.30	2.20.29	4.40.59
5.80	9.33	10.21	6.26	2.34	32.10	1.04.20	2.15.41	4.31.22
6.00	9.66	10.00	6.13	2.29	31.05	1.02.10	2.11.06	4.22.11
6.20	9.98	9.41	6.01	2.24	30.05	1.00.10	2.06.57	4.13.53
6.21	10.00	9.39	6.00	2.24	30.00	1.00.00	2.06.30	4.13.01
6.40	10.30	9.23	5.50	2.20	29.10	0.58.20	2.03.01	4.06.01
6.60	10.62	9.05	5.39	2.16	28.15	0.56.30	1.59.05	3.58.09
6.80	10.94	8.49	5.29	2.12	27.25	0.54.50	1.55.35	3.51.10
6.84	11.00	8.47	5.27	2.11	27.15	0.54.30	1.55.09	3.50.17

英里/小时	公里/小时	分钟/英里	分钟/公里	400米	5千米	1万米	半程马拉松	全程马拉松
7.00	11.27	8.34	5.20	2.08	26.40	0.53.20	1.52.18	3.44.36
7.20	11.59	8.20	5.11	2.04	25.55	0.51.50	1.49.15	3.38.29
7.40	11.91	8.06	5.02	2.01	25.10	0.50.20	1.46.11	3.32.22
7.46	12.00	8.03	5.00	2.00	25.00	0.50.00	1.45.32	3.31.04
7.60	12.23	7.54	4.54	1.58	24.30	0.49.00	1.43.34	3.27.08
7.80	12.55	7.42	4.47	1.55	23.55	0.47.50	1.40.57	3.21.53
8.00	12.87	7.30	4.40	1.52	23.20	0.46.40	1.38.19	3.16.38
8.08	13.00	7.26	4.37	1.51	23.05	0.46.10	1.37.27	3.14.54
8.20	13.20	7.19	4.33	1.49	22.45	0.45.55	1.35.55	3.11.50
8.40	13.52	7.09	4.26	1.46	22.10	0.44.20	1.33.44	3.07.28
8.60	13.84	6.59	4.20	1.44	21.40	0.43.20	1.31.33	3.03.06
8.70	14.00	6.54	4.17	1.43	21.25	0.42.50	1.30.27	3.00.55
8.80	14.16	6.49	4.14	1.42	21.10	0.42.20	1.29.22	2.58.43
9.00	14.48	6.40	4.09	1.40	20.45	0.41.30	1.27.24	2.54.48
9.20	14.81	6.31	4.03	1.37	20.15	0.40.30	1.25.26	2.50.52
9.32	15.00	6.26	4.00	1.36	20.00	0.40.00	1.24.20	2.48.40
9.40	15.13	6.23	3.58	1.35	19.50	0.39.40	1.23.41	2.47.22
9.60	15.45	6.15	3.53	1.33	19.25	0.38.50	1.21.56	2.43.52
9.80	15.77	6.07	3.48	1.31	19.00	0.38.00	1.20.11	2.40.22
9.94	16.00	6.02	3.45	1.30	18.45	0.37.30	1.19.06	2.38.11
10.00	16.09	6.00	3.44	1.30	18.40	0.37.20	1.18.39	2.37.19
10.20	16.42	5.53	3.39	1.28	18.15	0.36.30	1.17.08	2.34.15
10.40	16.74	5.46	3.35	1.26	17.55	0.35.50	1.15.36	2.31.12
10.56	17.00	5.41	3.32	1.25	17.40	0.35.20	1.14.30	2.29.01
10.60	17.06	5.40	3.31	1.24	17.35	0.35.10	1.14.17	2.28.34
10.80	17.38	5.33	3.27	1.23	17.15	0.34.30	1.12.45	2.25.31
11.00	17.70	5.27	3.23	1.21	16.55	0.33.50	1.11.27	2.22.54
11.18	18.00	5.22	3.20	1.20	16.40	0.33.20	1.10.21	2.20.42
11.20	18.02	5.21	3.20	1.20	16.40	0.33.20	1.10.08	2.20.16
11.40	18.35	5.16	3.16	1.18	16.20	0.32.40	1.09.03	2.18.05
11.60	18.67	5.10	3.13	1.17	16.05	0.32.10	1.07.44	2.15.28
11.80	18.99	5.05	3.10	1.16	15.50	0.31.40	1.06.38	2.13.17
11.81	19.00	5.05	3.09	1.16	15.45	0.31.30	1.06.38	2.13.17
12.00	19.31	5.00	3.06	1.14	15.30	0.31.00	1.05.33	2.11.06
12.20	19.63	4.55	3.03	1.13	15.15	0.30.30	1.04.27	2.08.55
12.40	19.96	4.50	3.00	1.12	15.00	0.30.00	1.03.22	2.06.43
12.43	20.00	4.50	3.00	1.12	15.00	0.30.00	1.03.22	2.06.43
12.60	20.28	4.46	2.58	1.11	14.50	0.29.40	1.02.29	2.04.59
12.80	20.60	4.41	2.55	1.10	14.35	0.29.10	1.01.24	2.02.47
13.00	20.92	4.37	2.52	1.09	14.20	0.28.40	1.00.31	2.01.03

关于作者

　　约翰·布鲁尔是英国圣玛丽大学（位于英格兰东南部特威肯汉姆市）的应用运动科学教授。他对马拉松比赛的研究造诣颇深，并且本身也是一名出色的马拉松选手，因此他是英国最顶尖的体育科学家和马拉松专家之一。他是伦敦马拉松的赛事顾问，同时也是该赛事的19次参赛者。他也是伦敦马拉松的名人嘉宾，同时协助媒体人士完成比赛。他是多种跑步杂志的定期撰稿人，也是体育科学方面的大众媒体评论员，他曾与多家主要体育组织和团队合作过，其中包括英格兰足协，英格兰足球队、手球队和板球队。约翰·布鲁尔还是2012年伦敦奥运会《田径运动训练指南》的作者。

致 谢

    非常感谢马特·洛温对本书的信任，并感谢他一直以来的支持和建议，感谢莎拉·斯基珀的编辑和注释。感谢贝茜·布鲁尔的文稿校对和语法斧正，并感谢卡洛琳、艾玛和贝茜对我这位总是在说"再跑一次马拉松"的跑步者的容忍。

北京拂石医典图书有限公司
跑步及运动康复类 图书简介

《跑步者指南——打造健康核心区》

每个跑步者都知道，要想保持个人的最佳成绩，你不仅仅需要强壮的腿，还需要保持无伤病。要激发自己的最佳跑步状态潜力，你需要一个强大和健康的核心。跑步时不仅需要你有适当的核心力量以协调你的腹肌和大腿，它也将确保你在极度疲劳时仍能保持良好的步态，最终会减少你发生严重损伤的可能性。在《跑步者指南——打造健康核心区》这本书中，著名运动矫形专家和冠军跑步者丹尼尔 J. 弗雷为我们展现了为获得理想的核心力量，需要了解的重要知识点。

ISBN 978-7-5591-0866-1

定价：68 元

《重塑跑步计划》

本书作者 Jay Dicharry 是美国最好的物理治疗师之一，他的跑步重塑计划将让你的身体和大脑协调一致地进行跑步训练。事实证明，不管是在跑道上跑还在小径上跑，无论是冲刺跑还是超级跑步，Dicharry 的重塑计划都可以帮助那些想跑步锻炼身体的运动员提升跑步的稳定性、力量和速度。

ISBN 978-7-5591-1014-5

定价：78 元

《跑步者足部和脚踝健康指南》

在跑步过程中，身体没有哪个器官比你的脚更重要了。由著名的运动康复师 Brian W. Fullem 编写的《跑步者足部和脚踝健康指南》一书为你提供了必备的关于如何更好地保护好足踝这些重要运动器官的有用信息。在关于受伤预防、帮助足部锻炼和保持足部健康等关键问题方面，本书也为在跑步中出现伤病的跑步者提供了不可或缺的指导。

ISBN 978-7-5591-0925-5

定价：72 元

《无痛跑步法》

你有没有想过，是否真的有可行的预防跑步伤病的方法？你是不是也渴望有一天跑步带给你的只有好处而没有伤病？

通过阅读《无痛跑步法——一名物理治疗师的 5 步指南：享受无损伤及快速跑步》一书，读者可以找到如何既让自己能预防和克服跑步损伤，又能享受无痛跑步，最终跑得更快的方法。本书的作者是一名非常成功的物理治疗师，他也是一名有成就的三项全能运动员和跑步者。

ISBN 978-7-5591-1009-1

定价：69 元

《智慧马拉松》

如果你可以以最小的压力完成马拉松，或者想实现新的个人最好成绩，你想知道哪些关于马拉松训练的建议？

《智慧马拉松》一书根据前沿科学研究揭示了如何为跑马拉松比赛做准备，并让马拉松比赛可以变得轻松一些。不管你是个神经紧张的马拉松新手，还是个想把个人成绩跑进 3 小时以内的老选手，运动科学家兼马拉松爱好者 John Brewer 教授写的这本《智慧马拉松》都可以帮助你更好地完成马拉松之旅。

ISBN 978-7-5591-1008-4

定价：80 元

《运动中的贴扎技术》

背部、手臂与腿上五彩缤纷的运动肌贴已经在我们的健康生活中占据了无可替代的地位，是专业竞技领域中常见、常用的装备。在治疗运动损伤、减缓疼痛与消除疤痕以及保持最佳体能状态方面，运动肌贴也是取得短期与长期效果的"秘密武器"。在紧急情况或疼痛状态下如何正确贴扎运动肌贴？本书将一步步从头到脚教你超过 45 种运动肌贴贴扎方法，让读者零基础快速掌握使用方法。

ISBN 978-7-5591-0834-0

定价：89 元

《MULLIGAN 手法治疗——脊椎、四肢动态关节松动术》

从 Mulligan 疗法刚开始传入国内到近些年，因其立竿见影的治疗成效而逐渐受到极大的欢迎。在整个肌肉骨骼医学治疗领域里，没有任何其他手法治疗的方法能像动态关节松动术一样可以展现出立竿见影的止痛效果。只需要几分钟或更少的时间来确认这种手法治疗的适应证，再选用适合的动态关节松动术来治疗，而患者中 75% 的人被证实会有非常显著的疗效。当然通过其他的治疗方法也可能做到这一点，但它们并没有像动态关节松动术一样涉及整个肌肉骨骼领域。

世界顶级手法治疗大师 Brian Mullligan 撰写本书的目的是让读者了解他的治疗技巧，并配合学习相关解剖学和生物力学知识，让患者的治疗效果更满意。

ISBN 978-7-5591-0279-9

定价：80 元

《Mulligan 手法指南》

本书旨在循序渐进地阐明 Mulligan 疗法，以确保大家能够易于掌握。书中系统的教授方式对物理治疗师们亲身实践学习 Mulligan 手法来说尤为可贵。这本书一大亮点在于使用了连续插图来示范阐释 Mulligan 手法。本书重点放在患者体位及治疗师治疗位置、手和治疗带的放置，包括正确操作及治疗原理推论。书中的用语通俗易懂，可以更好地保证大家学习使用。

ISBN 978-7-5591-0683-4

定价：168 元